BESTACTIVITYBOOKS.COM

PRIMA EDIZIONE 2022

Illustrazione Grafica Extra: www.freepik.com
Grazie a Alekksall, Starline, Pch.vector, Rawpixel.com, Vectorpocket, Dgim-studio, Upklyak, Macrovector, Stockgiu, Pikisuperstar & Freepik.com Designers

5 CONSIGLI PER INIZIARE

1) COME RISOLVERE LE PAROLE INTRECCIATTE

I puzzle hanno un formato classico:

- Le parole sono nascoste senza spazi o trattini,...
- Orientamento: Le parole possono essere scritte in avanti, indietro, verso l'alto, verso il basso o in diagonale (possono essere invertite).
- Le parole possono sovrapporsi o intersecarsi.

2) APPRENDIMENTO ATTIVO

Accanto ad ogni parola c'è uno spazio per scrivere la traduzione. Per incoraggiare l'apprendimento attivo, un **DIZIONARIO** alla fine di questa edizione vi permetterà di controllare e ampliare le vostre conoscenze. Cerca e scrivi le traduzioni, trovale nel puzzle e aggiungile al tuo vocabolario!

3) SEGNARE LE PAROLE

Puoi inventare il tuo sistema di segni. Forse ne usi già uno? Per esempio, puoi segnare le parole difficili da trovare con una croce, le parole preferite con una stella, le parole nuove con un triangolo, le parole rare con un diamante, e così via.

4) STRUTTURARE L'APPRENDIMENTO

Questa edizione offre un **TACCUINO** alla fine del libro. In vacanza, in viaggio o a casa, puoi organizzare facilmente le tue nuove conoscenze senza bisogno di un secondo quaderno!

5) AVETE FINITO TUTTE LE GRIGLIE?

Nelle ultime pagine di questo libro, nella sezione della **SFIDA FINALE**, troverete un gioco gratuito!

Facile e veloce! Dai un'occhiata alla nostra collezione di libri di attività per il tuo prossimo momento di divertimento e **apprendimento,** a portata di clic!

Trova la tua prossima sfida su:

BestActivityBooks.com/MioProssimoLibro

Ai vostri posti, pronti...Via!

Sapevi che ci sono circa 7.000 lingue diverse nel mondo? Le parole sono preziose.

Amiamo le lingue e abbiamo lavorato duramente per creare libri di altissima qualità. I nostri ingredienti?

Una selezione di argomenti adatti all'apprendimento, tre buone porzioni di intrattenimento, una cucchiaiata di parole difficili e una spolverata di parole rare. Li serviamo con amore e entusiasmo in modo che tu possa risolvere i migliori giochi di parole e divertirti imparando!

La vostra opinione è essenziale. Puoi partecipare attivamente al successo di questo libro lasciandoci un commento. Ci piacerebbe sapere cosa ti è piaciuto di più di questa edizione.

Ecco un link veloce alla pagina dell'ordine:

<u>BestBooksActivity.com/Recensione50</u>

Grazie per il vostro aiuto e buon divertimento!

Tutta la squadra

1 - Scacchi

J	J	V	D	J	S	E	I	V	J	U	C	T	U	M
N	W	H	E	E	Z	F	I	Í	E	Á	W	P	Z	S
W	M	B	H	L	A	X	I	Z	T	R	T	W	Y	K
V	J	T	X	L	B	H	M	S	E	É	S	É	V	P
U	I	A	L	E	Á	D	A	S	K	H	O	E	K	Z
Z	T	N	Ő	N	L	S	W	A	E	E	K	V	N	V
A	A	U	N	F	Y	E	T	P	F	F	É	X	H	Y
M	Z	L	Y	É	O	A	N	R	O	T	T	V	Y	L
I	O	N	L	L	K	O	N	J	A	B	Á	O	D	Á
Ő	D	I	Á	T	L	Ó	S	W	E	T	J	V	W	R
U	L	M	R	U	D	L	Y	M	S	X	É	A	Z	I
C	Á	J	I	D	D	I	B	B	Z	F	X	G	X	K
G	Z	D	K	K	I	H	Í	V	Á	S	O	K	I	C
P	O	N	T	O	K	J	N	O	K	O	S	H	M	A
P	B	M	L	F	K	L	O	M	F	O	Y	V	R	E

ELLENFÉL
FEHÉR
BAJNOK
VERSENY
ÁTLÓS
JÁTÉKOS
JÁTÉK
OKOS
FEKETE
PASSZÍV
TANULNI
PONTOK
KIRÁLY
KIRÁLYNŐ
SZABÁLYOK
ÁLDOZAT
KIHÍVÁSOK
STRATÉGIA
IDŐ
TORNA

2 - Salute e Benessere #2

K	S	Z	Á	Z	S	S	A	M	J	A	O	K	V	K
F	I	Ú	V	I	T	A	M	I	N	R	B	Ó	Z	P
E	X	S	L	E	G	V	M	R	S	S	X	R	É	V
R	V	D	Z	Y	F	T	D	R	W	W	U	H	R	C
T	H	M	G	Á	E	N	E	R	G	I	A	Á	A	D
Ő	U	E	A	E	R	P	L	O	H	D	E	Z	N	I
Z	J	B	D	Y	N	A	I	G	R	E	L	L	A	É
É	E	G	Y	F	I	E	D	Z	N	P	A	Z	I	T
S	J	O	G	V	K	C	T	Á	P	W	N	D	R	A
E	M	É	S	Z	T	É	S	I	S	C	A	C	Ó	P
T	B	E	C	A	M	M	J	L	K	G	T	W	L	J
D	X	É	T	V	Á	G	Y	C	S	A	Ó	O	A	N
E	G	É	S	Z	S	É	G	E	S	D	M	M	K	Z
T	E	S	T	A	B	L	A	I	N	É	I	G	I	H
B	E	T	E	G	S	É	G	P	L	R	A	N	J	Y

ALLERGIA
ANATÓMIA
ÉTVÁGY
KALÓRIA
TEST
DIÉTA
EMÉSZTÉS
KISZÁRADÁS
ENERGIA
GENETIKA
HIGIÉNIA
FERTŐZÉS
BETEGSÉG
MASSZÁZS
KÓRHÁZ
SÚLY
VÉR
EGÉSZSÉGES
VITAMIN

3 - Aggettivi #2

K	E	R	Ő	S	L	E	Í	R	Ó	B	N	V	A	O
E	G	É	S	Z	S	É	G	E	S	S	O	W	P	F
É	H	E	S	B	S	V	S	G	C	M	R	A	Y	M
U	G	H	Ó	S	E	T	E	Z	S	É	M	R	E	T
U	F	C	S	W	R	P	L	D	Á	B	Á	X	K	T
K	R	E	A	T	Í	V	E	S	R	R	L	D	G	I
V	B	W	M	Y	H	J	T	A	N	Á	A	L	T	S
E	L	E	G	Á	N	S	I	Y	J	J	M	Z	W	Z
E	X	B	S	W	D	V	H	G	H	D	L	A	S	T
S	K	Ü	V	É	U	G	B	K	E	Z	T	R	I	A
H	W	S	S	A	D	B	J	L	H	J	K	F	W	M
F	L	Z	N	A	L	E	É	R	D	E	K	E	S	T
R	T	K	M	E	W	C	S	Ő	L	E	L	E	F	P
S	M	E	T	E	R	M	E	L	Ő	N	E	L	N	W
C	M	G	J	S	S	Ú	J	C	W	N	X	K	P	K

ÉHES
SZÁRAZ
HITELES
KREATÍV
LEÍRÓ
ÉDES
DRÁMAI
ELEGÁNS
HÍRES
ERŐS
ÉRDEKES
TERMÉSZETES
NORMÁL
ÚJ
BÜSZKE
TERMELŐ
TISZTA
FELELŐS
SÓS
EGÉSZSÉGES

4 - Ingegneria

S	Á	T	I	L	I	B	A	T	S	Á	G	R	O	F
É	Z	C	D	B	P	V	S	H	O	A	A	M	K	R
R	O	Á	F	O	G	A	S	K	E	R	E	K	E	K
É	Z	M	M	S	Á	L	Z	S	O	L	E	R	Ő	M
M	S	W	V	Í	F	O	L	Y	A	D	É	K	I	É
Y	É	Z	J	I	T	E	Z	E	K	R	E	Z	S	L
A	T	X	Ö	S	L	Á	N	O	U	S	P	B	P	Y
X	Í	E	R	G	P	E	S	L	R	Á	C	M	M	S
G	P	H	Z	V	E	K	D	M	O	T	O	R	P	É
X	É	K	U	B	F	G	Í	K	G	J	F	K	R	G
E	N	E	R	G	I	A	Z	D	I	A	G	R	A	M
E	F	F	V	L	X	Y	E	I	S	H	N	G	É	P
Á	T	M	É	R	Ő	G	L	G	H	G	F	U	P	K
F	I	N	H	E	P	W	S	Y	L	E	G	N	E	T
X	C	V	O	M	E	Y	Z	T	Z	M	A	A	N	X

SZÖG
TENGELY
SZÁMÍTÁS
ÉPÍTÉS
DIAGRAM
ÁTMÉRŐ
DÍZEL
ELOSZLÁS
ENERGIA
ERŐ
FOGASKEREKEK
FOLYADÉK
GÉP
MÉRÉS
MOTOR
MÉLYSÉG
MEGHAJTÁS
FORGÁS
STABILITÁS
SZERKEZET

5 - Archeologia

E	Ő	T	T	E	T	J	E	L	E	F	L	E	S	C
R	X	S	W	L	E	A	C	J	T	K	I	A	Z	V
A	P	N	I	E	R	O	K	Ó	E	B	J	B	A	D
O	T	E	Y	M	E	R	H	B	M	Ó	E	H	K	C
R	B	O	A	Z	K	X	E	X	P	I	K	T	É	S
Í	E	Z	A	É	L	X	K	T	L	C	L	T	R	O
S	C	J	Ó	S	Y	O	A	K	O	Á	Z	Z	T	N
M	W	S	T	S	E	L	Z	Z	M	Z	O	A	Ő	T
W	L	T	A	É	F	O	S	S	Z	I	L	I	S	O
P	T	M	T	P	L	N	R	I	X	L	U	P	X	K
C	E	Z	U	S	A	Y	O	K	G	I	Y	F	O	V
T	G	E	K	U	E	T	K	R	E	V	M	N	Y	O
O	B	J	E	K	T	U	M	O	K	I	R	E	G	V
I	S	M	E	R	E	T	L	E	N	C	L	Z	N	D
P	R	O	F	E	S	S	Z	O	R	H	J	K	P	Y

ELEMZÉS
ÓKOR
ŐSI
CIVILIZÁCIÓ
ELFELEJTETT
KORSZAK
SZAKÉRTŐ
FOSSZILIS
REJTÉLY
OBJEKTUMOK
CSONTOK
PROFESSZOR
EREKLYE
KUTATÓ
ISMERETLEN
CSAPAT
TEMPLOM
SÍR

6 - Salute e Benessere #1

A	T	X	K	E	G	E	D	I	F	M	E	T	L	D
É	K	C	E	L	H	O	X	Y	B	B	P	Y	N	D
H	C	T	M	O	I	H	K	O	N	O	M	R	O	H
S	U	R	Í	V	G	N	T	R	N	R	J	L	C	Y
É	Y	P	O	V	C	J	I	T	X	V	K	T	T	W
G	X	M	M	D	F	E	U	K	Y	O	D	F	U	B
K	E	Z	E	L	É	S	Z	L	A	S	O	V	R	O
Y	L	Y	G	I	Z	M	O	K	E	S	É	E	Z	R
V	F	U	Á	A	P	A	Z	R	S	Á	K	R	M	S
T	E	O	S	Á	K	O	Z	S	C	G	M	P	Ö	G
Z	R	N	S	I	G	B	Ő	R	R	U	J	M	I	T
K	I	K	A	P	C	S	O	L	Ó	D	Á	S	F	E
P	R	W	G	T	E	S	T	T	A	R	T	Á	S	U
H	Z	U	A	I	P	Á	R	E	T	V	F	W	G	G
C	K	O	M	U	I	R	É	T	K	A	B	H	V	I

SZOKÁS
MAGASSÁG
AKTÍV
BAKTÉRIUMOK
KLINIKA
ÉHSÉG
TÖRÉS
ORVOSSÁG
ORVOS
IZMOK
IDEGEK
HORMONOK
BŐR
TESTTARTÁS
REFLEX
KIKAPCSOLÓDÁS
TERÁPIA
KEZELÉS
VÍRUS

7 - Aggettivi #1

A	L	A	T	V	V	W	B	W	T	M	T	Z	L	Y
R	F	B	Ö	E	T	P	N	V	G	Ű	U	U	P	G
O	I	S	K	S	G	T	Y	U	K	V	Í	T	K	A
M	A	Z	É	H	C	Z	N	U	J	É	J	R	N	N
Á	T	O	L	A	J	X	O	T	I	S	Á	I	R	Ó
S	A	L	E	Z	Y	I	K	T	Ú	Z	S	S	O	H
N	L	Ú	T	P	O	T	É	I	I	I	D	M	K	X
L	E	T	E	L	B	O	V	S	F	K	H	L	S	I
E	Z	H	S	O	N	O	Z	A	A	O	U	R	Z	E
V	G	Z	É	F	T	W	V	P	L	U	N	S	U	Z
N	M	B	S	Z	L	A	S	S	Ú	Z	W	T	J	U
A	M	B	I	C	I	Ó	Z	U	S	Y	U	X	O	N
Ő	S	Z	I	N	T	E	É	R	T	É	K	E	S	S
M	O	D	E	R	N	N	A	G	Y	L	E	L	K	Ű
C	B	I	Z	W	T	J	X	F	L	X	V	Y	A	V

AMBICIÓZUS
AROMÁS
MŰVÉSZI
ABSZOLÚT
AKTÍV
ÓRIÁSI
EGZOTIKUS
NAGYLELKŰ
FIATAL
NAGY
AZONOS
FONTOS
LASSÚ
HOSSZÚ
MODERN
ŐSZINTE
TÖKÉLETES
NEHÉZ
ÉRTÉKES
VÉKONY

8 - Geologia

X	F	A	M	R	Y	K	A	N	P	M	K	M	F	S
Y	G	J	Z	P	Ő	E	F	Z	A	P	E	B	Ö	Z
Z	Ó	N	A	E	F	K	M	R	L	A	B	Y	L	T
P	B	E	M	X	Z	Í	I	Í	R	J	Y	Z	D	A
P	X	B	N	F	O	S	S	Z	I	L	I	S	R	L
L	Á	V	A	W	D	N	L	J	L	A	X	M	E	A
E	R	A	R	Z	P	N	M	E	D	F	L	L	N	G
Z	Ó	I	Z	Ó	R	E	V	G	D	A	V	L	G	M
K	V	A	R	C	K	F	X	D	S	Ó	U	A	É	I
K	R	I	S	T	Á	L	Y	O	K	T	L	R	S	T
X	H	K	M	B	A	R	L	A	N	G	K	O	X	O
W	K	K	A	L	C	I	U	M	W	U	Á	K	U	K
C	S	E	P	P	K	Ő	C	W	B	G	N	S	T	O
K	O	N	T	I	N	E	N	S	H	F	R	W	E	K
X	M	F	R	É	T	E	G	B	B	E	L	B	F	F

SAV
FENNSÍK
KALCIUM
BARLANG
KONTINENS
KORALL
KRISTÁLYOK
ERÓZIÓ
FOSSZILIS
GEJZÍR
LÁVA
KŐ
KVARC
SÓ
SZTALAGMITOK
CSEPPKŐ
RÉTEG
FÖLDRENGÉS
VULKÁN
ZÓNA

9 - Campeggio

F	Ü	G	G	Ő	Á	G	Y	Y	Z	K	Y	L	M	W
Z	E	D	E	T	D	T	M	X	F	I	V	D	Y	L
F	R	M	Z	É	W	R	K	A	L	A	N	D	U	J
H	S	W	A	R	U	A	E	H	M	L	D	W	F	Y
H	F	L	G	K	L	V	M	N	D	E	K	Y	E	S
I	H	P	D	É	Y	O	H	Y	D	L	M	G	E	G
K	P	T	W	P	S	R	E	R	Y	C	C	B	N	K
L	Y	A	B	K	K	H	R	T	X	S	A	T	X	K
I	U	Z	C	M	H	Ö	R	W	A	P	Y	P	N	A
H	R	S	D	D	B	V	T	O	B	L	B	B	M	L
E	T	Á	U	T	E	Z	S	É	M	R	E	T	Ó	A
G	Ű	D	N	I	B	A	K	D	L	O	H	Y	K	P
Y	Z	A	E	Y	H	Z	I	I	H	T	F	E	A	T
U	S	V	K	O	T	A	L	L	Á	Á	Á	K	T	Ó
L	P	T	P	R	V	Ű	C	K	H	S	K	G	D	U

FÁK
FÜGGŐÁGY
ÁLLATOK
KALAND
IRÁNYTŰ
KABIN
VADÁSZAT
KENU
KALAP
KÖTÉL
MÓKA
ERDŐ
TŰZ
ROVAR
TÓ
HOLD
TÉRKÉP
HEGY
TERMÉSZET
SÁTOR

10 - Arti Visive

P	F	L	M	J	M	M	B	K	O	A	K	Z	A	K
E	É	E	K	E	G	C	N	É	Z	S	A	F	I	E
R	P	T	S	R	S	G	E	Y	S	L	A	K	K	R
S	Í	É	B	T	E	T	O	V	É	R	J	K	R	Á
P	T	T	Z	X	Ő	A	E	R	V	X	R	R	J	M
E	É	E	T	G	N	Á	T	R	Ű	J	W	É	M	I
K	S	Z	S	A	I	V	L	I	M	I	A	T	R	A
T	Z	S	T	O	L	L	C	L	V	Ű	W	A	O	W
Í	E	S	P	O	R	T	R	É	V	I	E	Z	B	F
V	T	Ö	F	É	N	Y	K	É	P	Á	T	S	O	C
A	S	T	E	N	C	I	L	B	N	U	N	Á	Z	X
F	G	N	B	Y	J	J	S	D	F	P	M	Y	S	N
G	D	V	S	A	G	Y	A	G	I	G	C	C	V	U
Z	C	E	R	U	Z	A	L	B	L	O	T	X	F	Y
W	K	G	E	Z	F	J	V	M	M	A	G	L	N	O

ÉPÍTÉSZET
AGYAG
MŰVÉSZ
MESTERMŰ
FASZÉN
FESTŐÁLLVÁNY
VIASZ
KERÁMIA
ÖSSZETÉTEL
KREATIVITÁS

FILM
FÉNYKÉP
KRÉTA
CERUZA
TOLL
PERSPEKTÍVA
PORTRÉ
SZOBOR
STENCIL
LAKK

11 - Tempo

E	P	I	I	Y	V	N	W	O	Ó	E	A	J	K	U
O	A	E	I	Y	É	V	A	M	R	F	I	O	B	B
Z	N	Y	R	S	E	R	Y	P	A	N	G	E	T	R
U	Ó	T	Ő	C	Z	C	U	T	T	T	Ő	L	E	E
U	H	É	V	E	S	Á	I	A	N	Á	T	U	H	G
Z	D	M	Ö	Z	T	H	Z	N	A	P	R	G	W	G
M	G	J	J	E	W	A	K	A	Z	S	J	É	U	E
Z	A	A	I	C	T	Y	X	L	D	C	B	M	X	L
H	A	M	A	R	T	N	W	L	E	N	N	H	G	É
A	P	W	V	J	B	D	I	I	Z	B	R	S	Z	D
T	A	M	P	Z	E	R	G	P	I	P	I	C	N	A
H	N	E	H	K	T	K	V	E	T	D	R	Z	Z	P
É	B	H	D	C	P	A	M	G	V	M	R	J	D	I
T	K	O	M	U	V	D	D	H	É	A	D	N	G	D
G	K	R	Y	T	D	F	K	Y	F	A	B	T	V	B

ÉV
ÉVES
NAPTÁR
ÉVTIZED
UTÁN
JÖVŐ
NAP
TEGNAP
REGGEL
HÓNAP
DÉL
PERC
PILLANAT
ÉJSZAKA
MA
ÓRA
HAMAR
ELŐTT
SZÁZAD
HÉT

12 - Astronomia

A	W	W	I	G	R	R	M	K	K	S	V	W	K	R
S	B	U	N	R	E	O	A	V	M	G	Z	É	G	I
Z	R	Z	G	A	L	E	L	K	S	H	S	O	V	Á
T	Ő	S	C	V	Á	T	J	U	É	J	Á	R	D	L
E	X	Ó	H	I	Z	E	V	Z	H	T	G	S	J	L
R	D	J	X	T	B	M	F	H	O	V	A	U	V	A
O	Y	A	Y	Á	X	É	M	X	L	W	L	G	K	T
I	G	H	L	C	B	O	G	L	D	G	L	Á	Ö	Ö
D	O	R	Y	I	O	O	P	T	L	C	I	R	D	V
A	N	Ű	G	Ó	J	J	L	F	Ö	G	S	Z	F	H
K	O	Z	M	O	S	Z	X	Y	F	C	C	Á	O	H
G	A	L	A	X	I	S	Z	A	G	O	R	S	L	T
C	S	I	L	L	A	G	K	É	P	Ó	C	K	T	I
A	N	U	N	I	V	E	R	Z	U	M	M	W	O	K
S	Z	U	P	E	R	N	Ó	V	A	V	Y	X	Y	P

ASZTEROIDA
ŰRHAJÓS
CSILLAGÁSZ
ÉGI
ÉG
KOZMOSZ
CSILLAGKÉP
GALAXIS
GRAVITÁCIÓ
HOLD
METEOR
KÖDFOLT
BOLYGÓ
SUGÁRZÁS
RAKÉTA
SZUPERNÓVA
TÁVCSŐ
FÖLD
UNIVERZUM
ÁLLATÖV

13 - Algebra

C	J	L	E	J	Ó	R	Á	Z	A	K	B	N	K	U
V	U	A	G	H	D	U	J	U	G	E	X	U	I	R
Á	U	X	Y	M	E	G	O	L	D	Á	S	L	V	E
L	D	Ő	S	I	M	A	H	A	V	V	D	L	O	W
T	M	Á	Z	S	I	R	Á	E	N	I	L	A	N	W
O	Z	P	E	E	J	D	I	A	G	R	A	M	Á	U
Z	S	T	R	D	Y	Y	L	M	L	K	O	F	S	X
Ó	O	E	Ű	P	H	N	O	K	I	F	A	R	G	I
L	C	L	S	F	R	K	É	D	E	R	Ö	T	R	R
D	K	N	Í	I	R	O	O	T	K	É	P	L	E	T
Ő	V	E	T	I	K	V	B	L	F	S	V	H	P	Á
P	B	Y	É	X	P	N	E	L	E	T	G	É	V	M
K	U	G	S	U	L	X	J	H	É	O	S	G	N	V
M	N	E	F	Z	S	G	N	B	V	M	U	X	B	C
Ö	S	S	Z	E	G	X	X	C	O	G	A	D	U	U

DIAGRAM
EGYENLET
KITEVŐ
HAMIS
TÉNYEZŐ
KÉPLET
TÖREDÉK
GRAFIKON
VÉGTELEN
LINEÁRIS
MÁTRIX
SZÁM
ZÁRÓJEL
PROBLÉMA
EGYSZERŰSÍTÉS
MEGOLDÁS
ÖSSZEG
KIVONÁS
VÁLTOZÓ
NULLA

14 - Mitologia

F	E	T	F	O	P	Y	H	M	E	H	L	T	L	L
H	É	R	X	H	X	S	A	E	W	A	E	E	K	A
I	O	L	Ő	N	M	U	L	I	D	R	G	R	U	B
E	G	E	T	S	Z	P	A	N	P	C	E	E	L	I
D	I	W	I	É	P	Í	N	M	D	O	N	M	T	R
E	G	X	R	G	K	T	D	W	Á	S	D	T	Ú	I
L	L	F	I	R	E	E	Ó	R	I	G	A	É	R	N
M	P	M	E	Ö	G	H	N	U	V	F	I	S	A	T
E	D	B	V	D	I	C	V	Y	F	P	N	K	G	U
K	M	F	B	Y	R	R	I	M	S	P	B	B	U	S
S	Z	Ö	R	N	Y	A	L	X	Ő	É	G	O	P	S
T	N	W	I	N	K	G	L	V	H	U	G	S	T	P
W	T	S	G	E	G	Z	Á	N	H	G	M	S	I	Z
S	L	G	W	M	H	C	M	K	T	C	P	Z	O	X
I	S	T	E	N	S	É	G	E	K	U	X	Ú	U	P

ARCHETÍPUS
TEREMTÉS
HIEDELMEK
KULTÚRA
ISTENSÉGEK
HŐS
ERŐ
VILLÁM
FÉLTÉKENYSÉG
HARCOS
LABIRINTUS
LEGENDA
MÁGIKUS
HALANDÓ
SZÖRNY
MENNYDÖRGÉS
BOSSZÚ

15 - Piante

S	G	O	W	F	T	B	J	L	U	B	G	I	D	S
G	W	J	T	Ű	M	A	I	L	D	D	Y	C	P	V
A	M	S	B	M	G	M	X	E	E	Z	Ö	I	M	G
S	Z	I	R	O	M	B	O	J	Y	I	K	B	O	Y
B	E	M	E	C	E	U	L	B	S	G	É	O	H	R
E	O	N	Á	Y	T	S	O	R	O	B	R	K	A	A
T	R	T	G	T	A	Z	O	B	M	O	L	O	F	A
E	C	D	A	T	R	Á	G	Y	A	G	Á	R	I	V
Z	L	J	Ő	N	U	H	A	L	R	B	K	B	Z	Z
Y	A	J	N	O	I	Z	I	B	G	L	A	Y	S	C
N	O	Y	M	Z	R	K	J	O	I	C	K	E	F	I
É	O	A	U	J	I	V	A	G	Y	Z	T	R	E	K
V	X	I	A	D	Z	F	F	Y	N	X	U	G	F	W
Ö	D	G	E	T	X	A	Z	Ó	Ő	V	S	T	W	E
N	Ö	V	É	N	Y	V	I	L	Á	G	Z	Y	A	J

FA
BOGYÓ
BAMBUSZ
BOTANIKA
KAKTUSZ
BOKOR
NŐ
BOROSTYÁN
FŰ
BAB

TRÁGYA
VIRÁG
NÖVÉNYVILÁG
LOMBOZAT
ERDŐ
KERT
MOHA
SZIROM
GYÖKÉR
NÖVÉNYZET

16 - Spezie

S	R	O	B	P	X	P	P	G	K	J	L	P	A	H
Z	K	G	V	G	B	Y	A	B	Y	Ö	A	C	I	S
E	Z	O	C	Z	H	Y	P	I	A	H	M	L	L	V
R	S	Ó	R	S	I	Ű	R	E	S	E	K	É	Í	L
E	F	S	Z	I	N	Á	I	R	A	T	U	G	N	M
C	D	F	B	N	A	C	K	T	U	G	R	Y	A	Y
S	E	D	É	B	M	N	A	G	W	C	K	Ö	V	N
E	U	V	O	F	Y	E	D	S	Y	M	U	M	F	Á
N	Y	J	O	Z	G	U	J	E	E	Z	M	B	V	R
D	K	A	R	D	A	M	O	M	R	N	A	É	L	F
I	Y	D	B	F	H	T	P	J	P	L	Z	R	G	Á
Ó	J	M	É	D	E	S	K	Ö	M	É	N	Y	R	S
C	A	U	S	Y	É	D	E	S	G	Y	Ö	K	É	R
N	I	Z	H	D	L	T	M	F	A	H	É	J	U	A
F	O	K	H	A	G	Y	M	A	Z	A	N	L	L	O

FOKHAGYMA
KESERŰ
ÁNIZS
FAHÉJ
KARDAMOM
HAGYMA
KORIANDER
KÖMÉNY
KURKUMA
CURRY
ÉDES
ÉDESKÖMÉNY
ÉDESGYÖKÉR
SZERECSENDIÓ
PAPRIKA
BORS
SÓ
VANÍLIA
SÁFRÁNY
GYÖMBÉR

17 - Numeri

Z	T	T	T	H	O	E	S	P	K	E	R	X	O	M
C	I	I	I	Ú	H	G	B	U	A	I	E	F	P	U
X	Z	Z	Z	S	E	D	E	Z	I	T	L	Y	D	E
T	E	E	E	Z	M	C	M	V	Y	H	X	E	C	V
I	N	N	N	Ő	T	T	E	K	Z	E	Á	P	N	D
Z	K	H	K	T	Í	Ö	L	I	M	G	B	R	B	C
E	I	Á	E	Ö	Z	H	É	T	A	H	F	R	O	E
N	L	R	T	N	T	I	Z	E	N	H	É	T	V	M
N	E	O	T	E	É	S	M	R	H	F	D	U	E	C
Y	N	M	Ő	Z	M	G	W	W	X	D	J	P	O	D
O	C	D	A	I	V	Y	Y	I	K	F	H	A	V	E
L	V	P	M	T	A	H	N	E	Z	I	T	W	Y	G
C	L	O	Y	N	T	I	Z	E	N	N	É	G	Y	T
H	C	E	D	Y	R	A	E	D	L	R	Z	C	R	V
E	J	Z	T	N	U	L	L	A	T	U	M	D	Y	S

ÖT
TIZEDES
TIZENKILENC
TIZENHÉT
TIZENNYOLC
TÍZ
TIZENKETTŐ
KETTŐ
KILENC
NYOLC

TIZENNÉGY
NÉGY
TIZENÖT
TIZENHAT
HAT
HÉT
HÁROM
TIZENHÁROM
HÚSZ
NULLA

18 - Cioccolato

E	K	K	T	U	Y	C	D	O	N	C	I	G	E	E
C	N	E	Ó	A	K	A	K	X	H	L	U	H	G	A
V	C	N	S	K	N	F	X	R	C	B	K	L	Z	S
U	V	N	I	E	U	B	A	T	U	J	A	H	O	U
S	S	H	K	M	R	S	O	L	K	U	R	E	T	M
T	H	X	X	E	K	Ű	Z	K	W	O	A	W	I	X
K	E	D	V	E	N	C	E	D	U	L	M	F	K	M
K	A	L	Ó	R	I	A	V	Y	I	V	E	I	U	X
J	A	K	R	O	K	U	C	W	G	Ó	L	N	S	O
S	R	Ö	S	S	Z	E	T	E	V	Ő	L	O	F	X
R	O	K	U	C	E	A	É	D	E	S	Y	M	B	I
U	M	R	E	C	E	P	T	M	I	N	Ő	S	É	G
H	A	Í	S	Ó	V	Á	R	G	Á	S	X	F	A	Y
U	I	Z	U	D	J	F	X	M	Y	P	O	R	J	R
A	N	T	I	O	X	I	D	Á	N	S	T	H	I	E

KESERŰ
ANTIOXIDÁNS
AROMA
SÓVÁRGÁS
KAKAÓ
KALÓRIA
CUKORKA
KARAMELL
FINOM
ÉDES

EGZOTIKUS
ÍZ
ÖSSZETEVŐ
ENNI
KÓKUSZDIÓ
POR
KEDVENC
MINŐSÉG
RECEPT
CUKOR

19 - Guida

F	O	R	G	A	L	O	M	T	M	F	B	S	M	Z
T	É	R	K	É	P	Ú	T	A	V	R	I	W	O	G
T	I	D	N	G	A	Y	N	A	M	E	Z	Ü	T	Á
G	M	O	T	O	R	A	N	K	P	N	T	D	O	Z
B	A	L	E	S	E	T	C	A	Y	D	O	A	R	D
I	U	Y	V	L	G	C	C	E	W	Ő	N	J	K	P
W	P	M	S	E	M	T	F	C	V	R	S	S	E	D
I	F	L	O	P	S	V	U	U	A	S	Á	Á	R	Y
A	L	A	G	Ú	T	Z	X	D	U	É	G	T	É	V
G	A	C	O	K	E	K	É	F	T	G	R	Í	K	G
P	G	B	L	B	I	I	M	L	Ó	B	R	L	P	A
X	Z	B	A	B	E	D	O	X	Y	K	O	L	Á	R
P	Z	Y	Y	L	É	D	E	G	N	E	F	Á	R	Á
C	I	L	G	S	E	B	E	S	S	É	G	Z	P	Z
V	N	H	E	R	B	U	W	J	T	B	U	S	Z	S

AUTÓ
BUSZ
ÜZEMANYAG
FÉKEK
GARÁZS
GÁZ
BALESET
ENGEDÉLY
TÉRKÉP
MOTORKERÉKPÁR

MOTOR
GYALOGOS
VESZÉLY
RENDŐRSÉG
BIZTONSÁG
ÚT
FORGALOM
SZÁLLÍTÁS
ALAGÚT
SEBESSÉG

20 - I Media

F	D	S	I	L	Á	T	I	G	I	D	W	K	J	C
I	O	Á	T	E	L	E	V	Í	Z	I	Ó	B	M	P
Ú	P	T	S	H	D	R	Á	D	I	Ó	I	I	S	T
J	A	A	Ó	Z	X	O	T	É	N	Y	E	K	I	D
S	X	T	R	K	E	S	É	T	E	D	R	I	H	N
Á	T	K	T	P	A	L	A	A	Y	C	X	K	O	N
G	A	O	H	T	E	G	L	G	N	J	J	D	N	Y
O	Z	H	E	L	Y	I	I	E	É	B	S	D	L	I
K	Ó	I	C	Á	K	I	N	U	M	M	O	K	I	L
B	L	C	U	D	B	V	É	D	E	I	G	S	N	V
H	Á	D	O	R	N	M	Y	O	L	C	L	N	E	Á
E	H	S	I	S	W	D	G	P	É	K	W	M	B	N
K	I	A	D	Á	S	N	E	X	V	K	W	K	H	O
F	I	N	A	N	S	Z	Í	R	O	Z	Á	S	K	S
H	J	K	E	R	E	S	K	E	D	E	L	M	I	I

KERESKEDELMI
KOMMUNIKÁCIÓ
DIGITÁLIS
KIADÁS
OKTATÁS
TÉNYEK
FINANSZÍROZÁS
FOTÓK
ÚJSÁGOK
EGYÉNI
IPAR
SZELLEMI
HELYI
ONLINE
VÉLEMÉNY
HIRDETÉSEK
NYILVÁNOS
RÁDIÓ
HÁLÓZAT
TELEVÍZIÓ

21 - Forza e Gravità

O	L	V	M	H	B	I	D	Ő	D	I	R	Y	T	Y
E	G	Y	E	T	E	M	E	S	I	U	L	Y	C	I
X	B	G	É	S	S	E	S	E	N	G	Á	M	V	A
M	B	E	N	Á	K	O	M	B	A	Y	L	Á	P	M
B	O	V	Y	T	X	G	U	V	M	W	P	B	F	E
O	F	Z	N	A	F	Á	X	K	I	W	H	U	N	C
L	R	I	G	H	B	S	G	A	K	I	Z	I	F	H
Y	G	T	D	Á	W	L	Ú	U	U	K	J	R	W	A
G	T	H	G	W	S	O	G	L	S	Á	M	O	Y	N
Ó	E	S	G	V	K	V	X	G	Y	I	O	Z	D	I
K	N	W	N	M	S	Á	D	Ó	L	R	Ú	S	B	K
R	G	S	X	G	X	T	T	D	U	U	K	V	E	A
S	E	T	E	R	J	E	S	Z	K	E	D	É	S	K
P	L	F	E	L	F	E	D	E	Z	É	S	F	Z	C
X	Y	K	Ö	Z	P	O	N	T	F	O	G	B	E	Z

TENGELY
SÚRLÓDÁS
KÖZPONT
DINAMIKUS
TÁVOLSÁG
TERJESZKEDÉS
FIZIKA
HATÁS
MÁGNESESSÉG
MECHANIKA
MOZGÁS
PÁLYA
SÚLY
BOLYGÓK
NYOMÁS
FELFEDEZÉS
IDŐ
EGYETEMES

22 - Sport

T	K	É	P	E	S	S	É	G	S	P	O	R	T	M
I	Á	D	H	M	E	A	J	É	I	W	Y	L	S	E
I	S	P	I	Z	M	O	K	S	C	N	Á	T	E	T
K	L	H	L	E	R	Ő	U	Z	C	P	Z	E	P	A
E	P	E	É	Á	J	M	Z	S	I	R	Z	S	G	B
R	S	Y	C	S	L	F	Z	É	P	O	A	T	Ú	O
É	T	T	O	N	W	K	P	G	N	G	T	A	J	L
K	T	V	T	A	H	E	O	E	X	R	M	C	Z	I
P	Z	O	I	V	U	A	N	Z	I	A	O	W	B	K
Á	O	C	S	O	N	T	O	K	Á	M	T	T	O	U
R	A	T	L	É	T	A	E	H	F	S	J	É	H	S
O	W	N	T	N	H	A	M	A	D	H	K	G	I	Z
Z	W	F	W	G	C	L	S	R	E	D	Z	Ő	N	D
Á	M	A	X	I	M	A	L	I	Z	Á	L	Á	S	O
S	Á	T	R	A	T	I	K	K	O	C	O	G	Á	S

EDZŐ
ATLÉTA
KÉPESSÉG
KERÉKPÁROZÁS
TEST
TÁNC
DIÉTA
ERŐ
KOCOGÁS
MAXIMALIZÁLÁS
METABOLIKUS
IZMOK
ÚSZNI
TÁPLÁLKOZÁS
CÉL
CSONTOK
PROGRAM
KITARTÁS
EGÉSZSÉG
SPORT

23 - Caffè

P	J	A	O	H	F	C	A	R	Z	P	X	S	K	E
P	D	M	B	E	R	Y	Y	M	W	S	U	T	E	R
H	Ö	O	K	R	É	M	C	S	É	S	Z	E	S	E
C	D	R	K	O	F	F	E	I	N	D	Z	U	E	D
Z	A	A	K	É	D	A	Y	L	O	F	Í	Z	R	E
L	R	Á	P	Ö	S	Z	Ű	R	Ő	F	H	Z	Ű	T
U	Á	A	I	W	L	R	E	G	G	E	L	C	H	J
V	L	G	Z	J	A	T	F	C	U	K	O	R	X	J
Z	E	J	G	J	T	X	I	A	E	A	L	V	T	E
T	C	V	Í	Z	I	X	W	O	J	E	T	S	C	I
N	X	C	E	S	L	J	S	K	H	T	R	A	X	L
E	T	B	B	Y	X	R	I	Z	I	E	A	V	B	G
X	A	H	K	N	G	B	K	Z	Z	K	C	A	A	L
E	E	S	K	X	F	Y	N	P	W	E	W	S	O	V
D	B	V	W	H	A	D	O	G	K	F	E	K	W	M

SAVAS
VÍZ
KESERŰ
AROMA
PÖRKÖLT
ITAL
KOFFEIN
KRÉM
SZŰRŐ
ÍZ
TEJ
FOLYADÉK
DARÁL
REGGEL
FEKETE
EREDET
ÁR
CSÉSZE
FAJTA
CUKOR

24 - Uccelli

P	X	A	G	Z	P	I	N	G	V	I	N	A	B	D
D	A	C	N	L	I	P	E	P	W	M	K	C	S	C
K	W	P	Z	G	S	R	O	T	A	F	V	N	F	H
K	O	S	A	C	T	A	F	C	A	M	V	S	H	A
U	A	B	D	G	N	Á	K	I	L	E	P	Ó	J	T
K	V	C	Y	W	Á	H	W	U	G	X	X	L	F	T
A	W	C	S	T	K	J	S	T	E	D	G	Y	L	Y
K	J	U	V	A	U	A	Z	H	B	D	W	O	A	Ú
B	É	R	E	V	T	B	T	O	J	Á	S	M	M	G
M	T	T	D	Y	U	U	S	A	S	R	A	É	I	O
A	L	S	P	Á	V	A	D	I	A	Y	K	G	N	S
L	Z	B	G	H	T	Y	E	K	R	I	S	C	G	B
A	A	J	T	P	Z	M	Y	V	S	Á	I	T	Ó	D
G	L	U	Z	O	E	L	I	B	A	Y	L	Ó	G	E
Z	D	G	P	W	B	R	X	Y	W	B	A	Y	K	X

GÉM
KACSA
SAS
GÓLYA
HATTYÚ
KAKUKK
SÓLYOM
FLAMINGÓ
SIRÁLY
LIBA

PAPAGÁJ
VERÉB
PÁVA
PELIKÁN
GALAMB
PINGVIN
CSIRKE
STRUCC
TUKÁN
TOJÁS

25 - Giorni e Mesi

V	A	S	Á	R	N	A	P	J	B	Y	X	B	V	L
S	Z	E	R	D	A	J	J	D	Ú	W	Z	M	M	Z
A	U	G	U	S	Z	T	U	S	Y	L	L	R	M	S
T	É	H	Á	P	R	I	L	I	S	M	I	Á	V	Z
M	P	G	Ó	R	O	T	D	D	E	K	L	U	C	E
P	T	D	F	N	N	T	E	J	H	J	J	R	S	P
H	É	T	F	Ő	A	B	C	N	Ú	K	C	B	U	T
N	A	P	T	Á	R	P	E	O	R	N	E	E	M	E
G	B	V	A	H	Á	K	M	V	É	A	I	F	A	M
J	G	O	B	P	U	W	B	E	A	D	Y	U	B	B
I	V	M	M	J	N	W	E	M	V	P	M	O	S	E
F	Z	F	O	Y	A	D	R	B	Y	F	M	X	K	R
U	U	E	Z	I	J	F	A	E	P	É	N	T	E	K
V	Z	R	S	H	H	N	U	R	H	G	K	D	K	M
P	Y	R	O	U	G	O	K	T	Ó	B	E	R	W	L

AUGUSZTUS
ÉV
ÁPRILIS
NAPTÁR
DECEMBER
VASÁRNAP
FEBRUÁR
JANUÁR
JÚNIUS
JÚLIUS
HÉTFŐ
KEDD
SZERDA
HÓNAP
NOVEMBER
OKTÓBER
SZOMBAT
SZEPTEMBER
HÉT
PÉNTEK

26 - Casa

X	J	I	F	U	R	L	D	G	K	Z	K	U	T	T
C	Y	E	N	O	W	G	E	I	T	L	F	A	Ü	E
P	A	D	L	Ó	L	L	A	D	N	A	K	C	K	T
E	H	I	C	A	A	Z	V	B	C	B	Z	S	Ö	Ő
L	Y	G	Y	R	F	R	J	Z	A	O	Y	A	R	V
L	N	C	S	A	P	N	X	V	T	Z	C	K	Z	L
D	O	S	Z	Ő	N	Y	E	G	W	S	I	F	C	M
O	K	L	P	A	D	L	Á	S	Z	U	H	A	N	Y
H	A	R	Á	T	V	Y	N	Ö	K	T	E	E	T	L
B	L	Z	I	M	M	E	N	N	Y	E	Z	E	T	O
B	B	Ű	H	J	P	R	N	L	W	K	R	I	S	H
G	A	R	Á	Z	S	A	P	A	A	J	E	T	F	R
L	U	P	M	F	V	A	J	T	Ó	X	U	R	R	N
I	E	E	T	P	I	J	S	D	A	F	Y	H	T	M
I	I	S	É	T	Í	R	E	K	N	V	K	S	A	Z

PADLÁS
KÖNYVTÁR
SZOBA
KANDALLÓ
KONYHA
ZUHANY
ABLAK
GARÁZS
KERT
LÁMPA
FAL
PADLÓ
AJTÓ
KERÍTÉS
CSAP
SEPRŰ
MENNYEZET
TÜKÖR
SZŐNYEG
TETŐ

27 - Ristorante #1

U	F	J	U	B	A	A	F	S	Z	Ó	S	Z	O	J
M	J	I	Z	D	H	L	U	Ű	H	H	A	B	R	L
F	J	K	G	S	Y	L	K	R	S	A	G	G	W	P
K	J	Ő	G	Ü	N	E	M	E	T	Z	I	M	U	B
X	D	V	O	A	O	R	Y	I	N	N	E	G	Z	A
S	G	E	P	R	K	G	P	L	Z	Y	V	R	D	S
F	H	T	S	C	S	I	É	P	Z	I	É	J	E	X
Z	J	E	Ú	S	Y	A	V	D	R	S	J	R	J	S
U	O	Z	H	Á	Z	T	Á	N	Y	É	R	K	L	I
C	D	S	D	L	N	E	K	Y	X	F	H	O	H	H
S	Z	S	D	A	Ő	N	R	É	C	N	I	P	C	O
I	M	Ö	C	L	C	Y	E	T	Z	P	W	D	E	Z
R	U	N	L	G	É	L	E	L	M	I	S	Z	E	R
K	K	É	S	O	R	Á	T	Z	N	É	P	W	L	P
E	H	C	R	F	B	T	S	Z	A	L	V	É	T	A

ALLERGIA
KÁVÉ
PINCÉRNŐ
HÚS
PÉNZTÁROS
ÉLELMISZER
TÁL
KÉS
KONYHA
DESSZERT
ÖSSZETEVŐK
ENNI
MENÜ
KENYÉR
TÁNYÉR
FŰSZERES
CSIRKE
FOGLALÁS
SZÓSZ
SZALVÉTA

28 - Fantascienza

R	W	V	T	B	F	R	B	F	M	D	U	P	F	D
W	Z	Z	I	K	J	S	O	O	O	J	M	T	A	O
D	Y	S	T	O	P	I	A	B	L	J	A	Y	N	S
R	J	Ó	S	L	A	T	W	P	O	Y	A	A	T	G
L	O	R	E	Á	L	I	S	X	F	T	G	S	A	A
T	N	B	S	U	M	V	U	K	X	H	O	Ó	S	L
I	L	E	B	T	E	L	E	Z	P	É	K	K	Z	A
K	B	N	D	A	Y	L	M	Ű	X	N	A	V	T	X
Ö	W	M	M	G	N	L	H	T	M	P	P	F	I	I
N	V	I	L	Á	G	Á	V	E	L	G	I	X	K	S
Y	R	P	P	C	R	U	S	M	O	Z	I	D	U	V
V	L	T	A	D	J	K	A	T	O	M	I	Z	S	A
E	R	O	G	R	E	J	T	É	L	Y	E	S	L	F
K	X	T	E	C	H	N	O	L	Ó	G	I	A	S	O
I	L	L	Ú	Z	I	Ó	U	T	Ó	P	I	A	O	A

ATOMI
MOZI
DYSTOPIA
ROBBANÁS
FANTASZTIKUS
TŰZ
GALAXIS
ILLÚZIÓ
KÉPZELETBELI
KÖNYVEK
REJTÉLYES
VILÁG
JÓSLAT
BOLYGÓ
REÁLIS
ROBOTOK
TECHNOLÓGIA
UTÓPIA

29 - Città

K	K	A	T	K	O	H	U	V	M	N	O	R	I	M
B	P	D	R	Ö	P	I	A	C	Z	O	F	Z	S	Ú
K	O	O	E	N	M	U	G	L	Á	I	Z	A	K	Z
E	S	L	K	Y	N	X	I	V	H	D	V	I	O	E
O	Z	L	T	V	P	J	N	K	N	A	B	R	L	U
D	U	Á	A	E	P	É	E	B	Í	T	M	É	A	M
K	P	Z	L	S	H	N	K	D	Z	S	X	L	H	A
Ö	E	S	L	B	H	O	A	S	S	D	R	A	X	B
N	R	Z	Á	O	D	Y	X	N	É	O	F	G	E	A
Y	M	H	M	L	L	E	P	E	I	G	V	J	L	L
V	A	E	Y	T	M	P	K	L	I	N	I	K	A	P
T	R	S	D	E	M	R	E	P	Ü	L	Ő	T	É	R
Á	K	V	I	R	Á	G	Á	R	U	S	J	N	X	K
R	E	E	G	Y	E	T	E	M	S	N	X	W	B	Y
M	T	G	Y	Ó	G	Y	S	Z	E	R	T	Á	R	W

REPÜLŐTÉR
BANK
KÖNYVTÁR
MOZI
KLINIKA
GYÓGYSZERTÁR
VIRÁGÁRUS
GALÉRIA
SZÁLLODA
KÖNYVESBOLT
PIAC
MÚZEUM
BOLT
PÉKSÉG
ISKOLA
STADION
SZUPERMARKET
SZÍNHÁZ
EGYETEM
ÁLLATKERT

30 - Fattoria #1

R	K	O	G	A	M	I	V	C	A	G	A	P	T	G
S	U	H	R	Á	M	A	Z	S	S	S	Ő	Z	E	M
Z	T	C	X	H	É	M	K	X	Y	I	L	A	H	E
É	Y	B	V	K	Z	Í	V	S	P	J	R	C	É	Z
N	A	J	Y	U	Z	M	D	É	C	C	C	K	N	Ő
A	Y	M	A	T	H	A	Z	T	B	A	I	V	E	G
V	G	S	M	I	V	L	P	Í	E	R	M	O	K	A
R	Á	R	I	Z	S	A	J	R	L	S	K	E	S	Z
T	R	N	H	F	O	C	U	E	C	D	J	B	C	D
J	T	B	O	R	J	Ú	S	K	D	Z	M	I	E	A
P	Y	I	J	F	D	X	C	N	H	O	N	E	K	S
V	U	M	Y	I	T	I	U	X	J	N	Y	Á	J	Á
N	A	A	H	H	I	K	G	X	I	E	G	R	B	G
I	Y	Y	S	E	J	K	L	K	I	J	H	X	P	E
M	Z	U	Z	I	Z	Y	Y	Ó	M	N	M	N	E	G

VÍZ
MEZŐGAZDASÁG
MÉH
SZAMÁR
MEZŐ
KUTYA
KECSKE
LÓ
TRÁGYA
SZÉNA
MACSKA
NYÁJ
MALAC
MÉZ
TEHÉN
CSIRKE
KERÍTÉS
RIZS
MAGOK
BORJÚ

31 - Psicologia

K	L	I	N	I	K	A	I	É	D	D	T	G	A	S
É	R	T	É	K	E	L	É	S	N	S	A	K	I	Z
S	É	R	E	M	S	I	G	E	M	U	P	Y	P	E
U	Z	K	V	A	L	Ó	S	Á	G	H	A	K	Á	M
T	Y	E	É	R	Z	E	L	M	E	K	S	O	R	É
K	X	T	N	E	L	T	E	L	É	M	Z	S	E	L
I	O	E	R	Z	Z	T	Z	J	S	M	T	Á	T	Y
L	N	L	Z	S	Á	Z	N	Y	V	C	A	Y	V	I
F	H	T	L	É	J	C	B	J	U	H	L	L	J	S
N	X	Ö	K	L	C	P	I	U	K	W	A	O	J	É
O	A	Y	P	E	V	P	Y	Ó	X	J	T	F	M	G
K	O	T	A	L	O	D	N	O	G	G	O	E	F	W
L	H	C	N	Z	L	E	G	C	U	I	K	B	Y	B
B	F	E	I	S	É	D	E	K	L	E	S	I	V	V
F	R	E	C	É	P	R	O	B	L	É	M	A	B	L

KLINIKAI
MEGISMERÉS
VISELKEDÉS
KONFLIKTUS
ÉN
ÉRZELMEK
TAPASZTALATOK
ÖTLETEK
ESZMÉLETLEN
BEFOLYÁSOK
GONDOLATOK
ÉSZLELÉS
SZEMÉLYISÉG
PROBLÉMA
VALÓSÁG
SZENZÁCIÓ
TERÁPIA
ÉRTÉKELÉS

32 - Paesaggi

H	U	T	S	R	Ó	L	G	L	K	B	I	R	D	V
Y	G	E	H	I	V	C	N	X	U	X	G	X	F	Ö
W	L	G	T	L	V	Í	E	D	R	A	G	P	W	L
D	E	I	H	Y	C	A	Z	Á	C	S	L	E	X	G
V	C	Z	V	E	R	U	T	E	N	B	Z	L	B	Y
W	C	S	O	K	Í	R	T	A	S	Z	K	T	E	Y
F	S	B	R	W	Z	M	X	J	G	É	P	Y	Y	U
Y	E	U	G	F	J	W	N	F	R	Á	S	C	O	M
D	R	E	G	N	E	T	E	G	I	Z	S	L	É	F
J	É	G	H	E	G	Y	B	A	R	L	A	N	G	E
O	Á	Z	I	S	Y	K	M	S	T	R	A	N	D	K
T	U	N	D	R	A	H	O	Z	Z	F	O	L	Y	Ó
V	U	L	K	Á	N	S	D	A	O	E	E	Z	A	T
E	B	Y	R	K	O	K	N	R	G	I	U	O	B	B
H	T	M	S	Y	W	T	J	J	B	I	D	J	Y	H

VÍZESÉS
DOMB
SIVATAG
FOLYÓ
GEJZÍR
GLECCSER
BARLANG
JÉGHEGY
SZIGET
TÓ
TENGER
HEGY
OÁZIS
ÓCEÁN
MOCSÁR
FÉLSZIGET
STRAND
TUNDRA
VÖLGY
VULKÁN

33 - Energia

S	I	R	Á	E	L	K	U	N	V	T	S	H	A	E
Z	I	B	A	Y	X	G	N	R	M	E	F	I	K	L
E	L	S	Y	P	Z	Ő	H	T	O	K	J	D	K	E
N	O	T	O	F	I	Z	S	X	U	A	M	R	U	K
N	I	E	L	E	K	T	R	O	M	O	S	O	M	T
Y	S	Ü	Z	E	M	A	N	Y	A	G	A	G	U	R
E	T	Z	E	G	A	M	I	M	W	Z	M	É	L	O
Z	P	U	É	S	W	T	C	E	E	Z	D	N	Á	N
É	K	H	R	N	W	C	J	G	R	L	Y	F	T	L
S	A	T	K	B	V	O	V	Ú	I	O	U	U	O	X
T	H	F	V	X	I	F	S	J	T	L	O	Z	R	L
O	K	D	F	M	F	N	D	U	H	É	L	G	O	R
B	E	N	Z	I	N	D	A	L	E	Z	Í	D	T	A
E	N	T	R	Ó	P	I	A	Ó	A	S	N	S	O	A
K	Ö	R	N	Y	E	Z	E	T	F	C	F	K	M	L

KÖRNYEZET
AKKUMULÁTOR
BENZIN
HŐ
SZÉN
ÜZEMANYAG
DÍZEL
ELEKTROMOS
ELEKTRON
ENTRÓPIA
FOTON
HIDROGÉN
IPAR
SZENNYEZÉS
MOTOR
NUKLEÁRIS
MEGÚJULÓ
TURBINA
GŐZ
SZÉL

34 - Ristorante #2

B	I	E	G	F	O	U	Ó	P	C	P	K	Z	B	E
C	V	L	H	Y	I	D	S	Á	J	O	T	Í	J	M
M	Z	Ő	A	F	Ü	O	P	A	L	L	I	V	F	M
D	D	É	B	E	I	M	X	D	L	A	T	I	S	I
L	A	T	R	O	T	N	Ö	S	A	Á	D	V	N	N
E	I	E	I	I	H	N	O	L	H	D	T	W	G	J
S	F	L	Á	N	A	K	X	M	C	X	V	A	C	G
Y	P	V	T	T	K	E	R	E	Z	S	Ű	F	S	P
K	I	B	V	J	N	B	D	T	R	E	S	J	Z	S
V	A	C	S	O	R	A	X	X	U	V	G	W	É	I
Z	L	Z	V	F	M	G	V	X	Z	E	O	V	K	K
E	E	J	G	T	B	V	E	D	A	L	X	Y	I	J
Y	R	É	C	N	I	P	F	L	P	M	E	V	H	A
K	E	G	É	S	D	L	Ö	Z	O	C	G	X	O	I
E	U	Y	G	M	K	L	Y	H	U	E	Y	U	H	T

VÍZ
ELŐÉTEL
ITAL
PINCÉR
VACSORA
KANÁL
FINOM
VILLA
GYÜMÖLCS
JÉG
SALÁTA
LEVES
HAL
EBÉD
SÓ
SZÉK
FŰSZEREK
TORTA
TOJÁS
ZÖLDSÉGEK

35 - Moda

S	E	M	I	N	I	M	A	L	I	S	T	A	T	P
T	L	S	R	G	M	I	N	T	A	H	F	Z	H	J
Í	E	E	B	U	Y	K	J	W	N	E	M	R	D	F
L	G	Y	U	S	H	A	U	S	H	P	L	X	K	E
U	Á	W	T	E	E	Á	K	O	B	M	O	G	M	F
S	N	X	I	M	R	U	Z	O	I	D	V	G	Z	T
S	S	R	K	L	E	S	E	A	R	D	R	Á	G	A
X	Z	A	V	E	D	Z	G	K	T	L	W	I	X	Z
H	C	E	R	Y	E	Ö	Y	P	H	R	A	U	O	Y
Í	R	K	R	N	T	V	S	F	N	I	T	T	H	N
M	L	P	J	É	I	E	Z	R	L	P	N	Y	I	Á
Z	B	I	C	K	N	T	E	P	W	T	X	G	X	R
É	O	S	D	V	H	Y	R	X	J	M	J	J	P	I
S	U	C	X	Y	I	Z	Ű	T	E	X	T	Ú	R	A
H	J	G	X	D	Y	T	R	D	M	O	D	E	R	N

RUHÁZAT
BUTIK
DRÁGA
KÉNYELMES
ELEGÁNS
MINIMALISTA
MINTA
MODERN
SZERÉNY
EREDETI
CSIPKE
GYAKORLATI
GOMBOK
HÍMZÉS
EGYSZERŰ
STÍLUS
IRÁNYZAT
SZÖVET
TEXTÚRA

36 - L'Azienda

B	I	O	J	O	T	K	B	M	F	H	E	I	G	B
J	Z	Y	V	I	D	V	E	I	A	A	G	N	E	E
B	E	V	É	T	E	L	M	N	B	L	Y	N	N	R
S	Z	A	K	M	A	I	U	Ő	É	A	S	O	E	U
É	F	V	É	J	L	U	T	S	R	D	É	V	R	H
T	M	B	M	T	Y	D	A	É	F	Á	G	A	Á	Á
N	Z	H	R	I	Y	B	T	G	H	S	E	T	L	Z
Ö	H	K	E	D	D	C	Á	T	Y	Í	K	Í	N	Á
D	G	T	T	S	K	E	S	K	R	O	R	V	I	S
F	O	R	R	Á	S	O	K	E	R	E	A	N	F	A
I	G	L	O	B	Á	L	I	S	R	E	N	M	É	R
P	E	F	E	U	A	C	O	R	X	K	A	D	H	V
A	L	E	H	E	T	Ő	S	É	G	S	S	T	E	M
R	I	A	G	T	M	X	L	B	L	I	O	G	Í	K
V	K	O	C	K	Á	Z	A	T	O	K	W	J	X	V

KREATÍV
DÖNTÉS
GENERÁLNI
GLOBÁLIS
IPAR
INNOVATÍV
BERUHÁZÁS
LEHETŐSÉG
BEMUTATÁS
TERMÉK
SZAKMAI
HALADÁS
MINŐSÉG
BEVÉTEL
HÍRNÉV
KOCKÁZATOK
FORRÁSOK
BÉR
TRENDEK
EGYSÉGEK

37 - Giardino

N	O	F	M	V	C	T	T	E	T	B	O	K	O	R
V	Z	P	Ü	J	I	I	S	E	G	Y	O	M	O	K
Z	M	G	Y	G	J	R	F	G	R	I	F	D	D	Z
U	U	W	L	A	G	H	Á	E	J	A	L	A	T	P
C	D	F	W	B	F	Ő	H	G	B	F	S	P	R	G
X	Y	Ű	W	L	F	T	Á	P	A	L	Ö	Z	E	G
E	C	S	P	Y	A	G	G	G	E	Ő	S	B	K	F
G	A	K	S	C	A	V	A	T	Y	L	C	W	D	L
G	Y	E	P	V	V	P	R	H	L	Ő	L	M	Ö	T
X	M	M	B	A	C	A	Á	R	B	Z	Ö	H	U	Z
P	Y	F	K	J	C	B	Z	P	E	S	M	P	V	P
Z	E	O	U	L	B	E	S	X	R	J	Ü	Y	Z	C
E	G	A	A	S	É	T	Í	R	E	K	Y	C	T	O
T	R	A	M	B	U	L	I	N	G	U	G	H	H	O
R	L	R	F	E	E	G	J	W	A	Z	D	S	E	C

FA
FÜGGŐÁGY
BOKOR
FŰ
GYOMOK
VIRÁG
GYÜMÖLCSÖS
GARÁZS
KERT
LAPÁT
PAD
GYEP
GEREBLYE
KERÍTÉS
TAVACSKA
TALAJ
TERASZ
TRAMBULIN
TÖMLŐ
SZŐLŐ

38 - Riscaldamento Globale

S	J	G	M	E	L	E	Y	G	I	F	A	G	N	J
S	J	N	N	N	T	Y	I	T	Á	Y	V	F	F	O
K	Ö	R	N	Y	E	Z	E	T	I	Z	B	U	B	G
K	F	O	L	Y	W	C	H	D	K	B	D	B	S	S
N	O	E	G	Z	O	L	H	V	É	C	U	S	Ő	Z
E	K	R	J	U	R	P	J	Á	D	A	D	A	T	A
M	Ó	O	M	L	Z	Y	Ö	L	I	M	G	U	N	B
Z	I	X	J	Á	Ő	J	V	S	V	N	P	J	E	Á
E	C	R	W	H	N	D	Ő	Á	K	S	G	H	L	L
T	Á	H	X	M	I	Y	É	G	R	M	J	J	E	Y
K	L	L	M	P	H	Z	X	S	A	C	X	I	J	O
Ö	U	I	O	W	K	T	L	S	S	Ó	D	U	T	K
Z	P	O	S	B	É	G	H	A	J	L	A	T	K	E
I	O	L	T	E	N	E	R	G	I	A	X	F	G	J
I	P	A	R	G	E	N	E	R	Á	C	I	Ó	K	W

KÖRNYEZETI
SARKVIDÉKI
FIGYELEM
ÉGHAJLAT
VÁLSÁG
ADAT
ENERGIA
JÖVŐ
GÁZ
GENERÁCIÓK
KORMÁNY
IPAR
NEMZETKÖZI
JOGSZABÁLYOK
MOST
POPULÁCIÓK
TUDÓS
JELENTŐS
FEJLŐDÉS

39 - Frutta

N	E	C	D	K	Z	S	I	L	Y	K	I	C	W	M
E	E	S	I	Z	E	E	D	D	Y	H	U	K	W	M
K	G	E	N	S	F	C	T	J	C	A	V	S	Ő	S
T	Y	R	N	Á	N	H	H	S	Ő	L	Ő	Z	S	C
A	A	E	Y	N	N	G	N	Á	R	E	D	E	Z	S
R	Z	S	E	A	R	A	E	R	K	I	V	I	I	B
I	B	Z	T	N	J	V	B	G	N	E	S	J	B	O
N	H	N	R	A	M	L	A	A	N	L	Á	M	A	G
M	E	Y	Ö	Z	Z	I	A	B	Y	E	B	Y	R	Y
P	O	E	K	F	L	Z	V	A	P	Z	C	X	A	Ó
N	A	R	A	N	C	S	O	R	R	A	J	E	C	B
U	R	K	T	Y	O	G	K	A	J	C	P	Z	K	S
A	K	P	X	I	R	F	Á	C	F	E	O	A	J	W
M	A	N	G	Ó	C	V	D	K	D	I	N	H	J	H
L	W	A	H	V	L	P	Ó	N	D	C	I	G	Y	A

SÁRGABARACK
ANANÁSZ
NARANCS
AVOKÁDÓ
BOGYÓ
BANÁN
CSERESZNYE
KIVI
MÁLNA
CITROM

MANGÓ
ALMA
DINNYE
SZEDER
NEKTARIN
PAPAJA
KÖRTE
ŐSZIBARACK
SZILVA
SZŐLŐ

40 - Fattoria #2

M	G	N	O	K	G	F	J	K	L	K	X	A	K	H
É	Ö	D	K	P	P	D	E	Y	C	G	H	M	O	M
H	N	G	T	M	X	K	G	P	C	K	Y	B	T	F
K	T	Y	Z	A	M	Z	Z	J	X	A	D	Z	A	G
A	Ö	Ü	N	P	N	H	T	E	J	C	W	A	L	D
S	Z	M	D	Á	A	U	B	P	U	S	C	O	L	R
Z	É	Ö	G	D	R	J	B	T	C	A	P	D	Á	É
G	S	L	Z	D	O	Á	T	Ú	W	M	D	P	S	T
B	U	C	H	U	T	T	B	A	Z	Y	A	Z	H	V
L	F	S	C	Y	Z	A	Z	S	O	A	M	Á	L	H
T	X	R	E	Z	S	I	M	L	E	L	É	T	F	W
V	Z	S	T	X	Á	X	K	U	K	O	R	I	C	A
Á	R	P	A	B	P	Y	K	A	W	L	I	B	Á	K
G	Y	Ü	M	Ö	L	C	S	Ö	S	U	D	T	Z	A
T	R	A	K	T	O	R	E	O	K	U	U	Z	Y	E

BÁRÁNY
GAZDA
MÉHKAS
KACSA
ÁLLATOK
ÉLELMISZER
PAJTA
GYÜMÖLCS
GYÜMÖLCSÖS
BÚZA
ÖNTÖZÉS
LÁMA
TEJ
KUKORICA
LIBÁK
ÁRPA
PÁSZTOR
JUH
RÉT
TRAKTOR

41 - Verdure

O	O	R	B	U	R	G	O	N	Y	A	U	S	H	H
B	W	É	Y	A	P	F	A	P	B	O	R	S	Ó	A
F	Y	B	T	S	B	G	K	A	G	S	Z	B	A	G
K	A	M	Y	G	A	H	Ó	R	O	Y	G	O	M	Y
G	R	Ö	N	N	U	Z	S	A	S	N	N	Y	Y	M
U	Z	Y	R	G	B	C	C	D	B	Á	G	I	G	A
Z	B	G	R	K	I	T	I	I	H	S	O	W	A	N
S	E	O	O	E	X	Ó	T	C	C	Z	M	Y	H	E
A	N	L	R	X	T	N	R	S	C	I	B	Y	K	B
L	T	J	L	K	C	E	A	O	R	L	A	I	O	V
Á	T	Ö	K	E	A	P	K	M	I	D	X	I	F	W
T	G	K	G	P	R	S	Á	R	G	A	R	É	P	A
A	F	E	H	É	R	R	É	P	A	P	X	Y	J	W
P	E	T	R	E	Z	S	E	L	Y	E	M	F	K	F
U	B	W	Z	B	R	O	K	K	O	L	I	Z	H	W

FOKHAGYMA
BROKKOLI
ARTICSÓKA
SÁRGARÉPA
UBORKA
HAGYMA
GOMBA
SALÁTA
PADLIZSÁN
BURGONYA
BORSÓ
PARADICSOM
PETREZSELYEM
FEHÉRRÉPA
RETEK
MOGYORÓHAGYMA
ZELLER
SPENÓT
GYÖMBÉR
TÖK

42 - Musica

H	A	R	M	O	N	I	K	U	S	E	P	K	K	O
U	U	V	R	M	I	K	R	O	F	O	N	Ö	Y	C
U	X	V	F	L	E	T	É	V	L	E	F	L	H	O
H	J	A	D	Í	E	W	N	K	G	U	Z	T	K	X
R	C	G	M	R	E	G	C	B	F	N	R	Ő	K	G
R	M	T	Z	A	R	E	P	O	É	C	A	I	L	L
W	I	B	L	I	L	U	Y	G	N	R	S	E	A	E
E	V	T	Y	T	R	L	T	P	E	X	A	N	S	D
T	S	U	M	T	I	R	A	C	K	F	D	E	S	S
B	U	Z	U	I	R	S	N	D	E	I	E	Z	Z	I
H	R	L	K	H	K	M	U	O	L	A	T	S	I	S
F	Ó	B	Y	Ö	A	U	H	F	O	R	X	I	K	A
D	K	E	N	É	Z	B	S	E	K	E	N	É	U	Z
U	D	Y	A	D	A	L	L	A	B	Z	B	T	S	D
Z	E	N	É	S	Z	A	I	N	Ó	M	R	A	H	T

ALBUM
HARMÓNIA
HARMONIKUS
BALLADA
ÉNEKES
ÉNEKEL
KLASSZIKUS
KÓRUS
LÍRAI
DALLAM
MIKROFON
ZENEI
ZENÉSZ
OPERA
KÖLTŐI
FELVÉTEL
RITMIKUS
RITMUS
ESZKÖZ
ÉNEK

43 - Barbecue

A	P	D	G	B	G	V	L	U	J	K	D	F	J	Z
C	A	É	R	Á	Y	N	O	G	N	M	A	K	Á	X
I	R	L	I	E	Ü	I	Z	C	S	C	I	E	T	T
Z	A	E	L	N	M	H	P	Ó	S	R	O	B	É	W
N	D	L	L	K	Ö	W	D	B	T	I	O	D	K	G
C	I	M	B	S	L	E	U	N	V	Ó	R	R	O	F
S	C	I	K	S	C	Y	E	A	X	G	E	K	K	R
A	S	S	É	Á	S	E	H	S	Z	Ó	S	Z	E	Y
L	O	Z	S	V	T	Z	Z	A	R	O	S	C	A	V
Á	M	E	E	Í	S	Á	F	L	G	H	C	Y	K	H
D	Z	R	K	H	N	Y	L	C	G	Y	J	V	N	L
O	C	G	Y	G	J	S	X	A	É	B	M	R	J	J
E	X	O	E	E	N	E	Z	O	S	Y	G	A	D	U
K	J	S	T	M	U	G	H	X	H	T	A	D	B	V
I	J	A	X	M	B	T	X	D	É	B	E	F	K	U

FORRÓ
VACSORA
ÉLELMISZER
HAGYMA
KÉSEK
NYÁR
ÉHSÉG
CSALÁD
GYÜMÖLCS
JÁTÉKOK

GRILL
SALÁTÁK
MEGHÍVÁS
ZENE
BORS
CSIRKE
PARADICSOM
EBÉD
SÓ
SZÓSZ

44 - Fisica

G	Y	O	R	S	U	L	Á	S	Z	Y	Z	V	F	E
R	E	L	A	T	I	V	I	T	Á	S	Z	S	R	L
G	V	I	T	X	T	A	A	K	G	B	M	É	E	E
É	A	V	Y	I	E	W	L	T	Á	V	E	D	K	K
S	I	R	Á	E	L	K	U	N	M	O	K	E	V	T
S	Ű	K	J	Z	P	A	K	G	E	E	S	K	E	R
E	S	R	É	Z	É	T	E	R	C	G	C	Z	N	O
S	E	O	Ű	M	K	O	L	A	H	Y	E	S	C	N
E	B	T	N	S	I	M	O	V	A	E	Z	E	I	V
N	E	O	V	K	É	A	M	I	N	T	S	J	A	I
G	S	M	A	A	U	G	I	T	I	E	É	R	Z	I
Á	S	G	L	F	O	S	J	Á	K	M	R	E	R	F
M	É	K	T	A	X	U	O	C	A	E	B	T	J	P
T	G	C	J	H	V	I	A	I	T	S	R	W	P	L
U	Z	T	X	I	T	B	S	Ó	R	K	S	Z	S	C

GYORSULÁS
ATOM
KÁOSZ
KÉMIAI
SŰRŰSÉG
ELEKTRON
TERJESZKEDÉS
KÉPLET
FREKVENCIA
GÁZ
GRAVITÁCIÓ
MÁGNESESSÉG
MECHANIKA
MOLEKULA
MOTOR
NUKLEÁRIS
RÉSZECSKE
RELATIVITÁS
EGYETEMES
SEBESSÉG

45 - Agronomia

D	V	J	A	L	A	T	T	Z	S	V	V	I	S	V
E	L	E	O	T	E	E	E	R	T	E	B	J	Z	I
F	C	E	J	T	B	W	F	R	Á	N	K	G	E	C
K	Ö	R	N	Y	E	Z	E	T	M	G	Z	J	R	S
E	S	E	D	S	F	A	Í	H	L	E	Y	G	V	A
R	Z	Z	Y	Á	Y	V	C	V	G	D	L	A	E	I
E	E	S	Á	T	Í	S	O	N	O	Z	A	É	S	G
Z	N	I	L	A	I	G	Ó	L	O	K	Ö	I	S	R
S	N	M	O	T	T	V	L	O	Ó	I	Z	Ó	R	E
D	Y	L	T	U	N	E	B	Y	S	K	V	C	X	N
N	E	E	U	K	M	A	G	O	K	É	P	A	Y	E
E	Z	L	M	E	Z	Ő	G	A	Z	D	A	S	Á	G
R	É	É	G	B	S	K	C	Y	E	I	V	L	P	W
K	S	T	U	D	O	M	Á	N	Y	V	J	E	M	I
N	Ö	V	E	K	E	D	É	S	I	V	N	U	D	J

VÍZ
MEZŐGAZDASÁG
KÖRNYEZET
ÉLELMISZER
NÖVEKEDÉS
ÖKOLÓGIA
ENERGIA
ERÓZIÓ
TRÁGYA
AZONOSÍTÁS
SZENNYEZÉS
SZERVES
TERMELÉS
KUTATÁS
VIDÉKI
TUDOMÁNY
MAGOK
RENDSZEREK
TALAJ

46 - Erboristeria

E	D	K	M	A	J	O	R	Á	N	N	A	G	K	G
O	D	A	A	M	Y	G	A	H	K	O	F	É	Ö	X
K	F	V	E	P	R	D	M	M	B	N	D	S	S	V
O	O	V	B	G	O	J	Z	Ö	L	D	W	Ő	S	U
K	U	D	G	N	Y	R	N	T	X	U	N	N	Z	I
A	U	H	N	I	A	B	G	K	E	R	T	I	E	H
K	P	E	T	R	E	Z	S	E	L	Y	E	M	T	I
U	R	T	J	A	K	A	L	U	D	N	E	V	E	L
K	E	L	F	M	A	S	T	Z	M	O	K	O	V	S
K	L	G	H	Z	D	R	F	H	N	K	O	R	Ő	Á
F	B	L	X	O	E	A	O	F	N	R	N	E	U	F
Ű	X	Z	H	R	C	U	I	M	A	Á	Y	G	I	R
M	E	N	T	A	Y	X	N	O	Á	T	H	Á	J	Á
B	A	Z	S	A	L	I	K	O	M	S	A	N	L	N
V	I	R	Á	G	M	X	W	I	C	A	I	Ó	K	Y

FOKHAGYMA
KAPOR
AROMÁS
BAZSALIKOM
KONYHAI
TÁRKONY
VIRÁG
KERT
ÖSSZETEVŐ
LEVENDULA
MAJORÁNNA
MENTA
OREGÁNÓ
PETREZSELYEM
MINŐSÉG
ROZMARING
KAKUKKFŰ
ZÖLD
SÁFRÁNY

47 - Biologia

F	O	T	O	S	Z	I	N	T	É	Z	I	S	B	S
H	O	R	M	O	N	A	É	J	T	V	U	I	A	Z
M	U	T	Á	C	I	Ó	G	E	F	D	D	Z	K	I
T	W	I	N	I	O	M	A	S	Y	V	Z	Ó	T	N
W	E	L	Ó	I	C	Ú	L	O	V	E	O	M	É	A
A	U	R	I	C	W	N	L	J	F	E	B	Z	R	P
F	N	A	M	Ó	Z	S	O	M	O	R	K	O	I	S
A	E	A	F	É	U	T	K	I	D	E	G	K	U	Z
G	D	H	T	X	S	Ő	L	M	E	P	E	W	M	I
E	T	F	É	Ó	B	Z	H	G	R	X	W	N	O	S
M	O	G	K	R	M	H	E	H	Ü	L	L	Ő	K	X
B	O	F	U	E	J	I	X	T	Y	W	O	X	R	C
R	S	M	I	Z	N	E	A	I	E	H	E	R	N	N
I	S	I	Z	Ó	I	B	M	I	Z	S	U	J	O	T
Ó	N	E	U	R	O	N	H	W	L	J	D	U	F	V

ANATÓMIA
BAKTÉRIUMOK
SEJT
KOLLAGÉN
KROMOSZÓMA
EMBRIÓ
ENZIM
EVOLÚCIÓ
FOTOSZINTÉZIS
EMLŐS
MUTÁCIÓ
TERMÉSZETES
IDEG
NEURON
HORMON
OZMÓZIS
FEHÉRJE
HÜLLŐ
SZIMBIÓZIS
SZINAPSZIS

48 - Attività Commerciale

O	F	J	I	M	U	N	K	Á	L	T	A	T	Ó	K
V	J	X	V	R	O	V	X	G	P	D	B	M	X	A
N	C	L	S	L	O	S	I	J	É	Z	S	K	N	R
W	J	E	B	K	Ó	D	A	Ö	N	S	A	L	J	R
V	B	Y	A	T	U	L	A	V	Z	Á	T	N	C	I
P	S	U	X	G	B	C	T	E	L	Z	Ü	L	A	E
N	Y	E	R	E	S	É	G	D	E	Á	F	R	Ö	R
V	Á	L	L	A	L	A	T	E	L	H	P	U	R	K
A	H	B	N	K	G	Y	H	L	A	U	É	Z	X	J
S	T	X	H	S	V	J	A	E	D	R	N	J	W	T
G	W	D	G	V	J	L	L	M	Á	E	Z	M	Z	D
H	G	F	F	A	X	A	Á	T	S	B	Ü	C	T	R
C	L	X	P	N	G	P	N	R	Á	Y	G	X	N	R
A	M	B	I	F	N	A	X	F	U	C	Y	N	R	P
H	K	E	D	V	E	Z	M	É	N	Y	D	I	H	O

KARRIER
KÖLTSÉG
MUNKÁLTATÓ
GYÁR
PÉNZÜGY
BERUHÁZÁS
ÁRU
ÜZLET
NYERESÉG
JÖVEDELEM
KEDVEZMÉNY
VÁLLALAT
PÉNZ
ADÓK
IRODA
VALUTA
ELADÁS

49 - Fiori

L	M	D	H	O	R	C	H	I	D	E	A	O	X	V
N	Ó	Á	B	Z	N	P	D	L	C	S	O	K	O	R
A	P	H	K	N	H	I	B	I	S	Z	K	U	S	Z
P	É	V	E	K	V	E	A	W	F	K	M	D	D	G
R	Z	L	R	R	B	A	Z	S	A	R	Ó	Z	S	A
A	S	Z	Ó	R	E	J	I	R	Z	Y	V	B	L	G
F	R	A	A	L	I	L	Y	N	Á	V	L	A	H	U
O	O	L	I	P	Z	S	I	C	R	Á	N	Y	A	M
R	Z	U	N	N	Á	P	I	L	U	T	D	E	X	A
G	S	D	É	H	U	D	Y	N	I	M	Z	Á	J	G
Ó	Z	N	D	K	E	U	L	J	K	O	O	A	M	N
T	Á	E	R	B	I	S	L	V	V	O	M	B	Z	Ó
Z	Z	V	A	M	R	P	L	U	M	E	R	I	A	L
B	S	E	G	N	J	S	S	Z	I	R	O	M	R	I
G	O	L	G	O	T	A	V	I	R	Á	G	V	E	A

GARDÉNIA
JÁZMIN
LILIOM
NAPRAFORGÓ
HIBISZKUSZ
LEVENDULA
HALVÁNYLILA
MAGNÓLIA
SZÁZSZORSZÉP
CSOKOR
NÁRCISZ
ORCHIDEA
MÁK
GOLGOTAVIRÁG
BAZSARÓZSA
SZIROM
PLUMERIA
RÓZSA
LÓHERE
TULIPÁN

50 - Filantropia

G	Ő	S	Z	I	N	T	E	S	É	G	A	O	U	X
P	Y	C	S	O	P	O	R	T	O	K	L	H	Y	J
K	R	E	K	Ü	L	D	E	T	É	S	A	X	K	R
A	E	O	R	V	V	S	K	T	Y	F	P	V	I	T
P	M	Y	G	M	H	Z	H	X	G	E	O	G	V	E
C	B	X	O	R	E	R	K	X	Ü	C	K	Á	X	W
S	E	V	B	C	A	K	K	Ö	Z	Ö	S	S	É	G
O	R	R	F	J	S	M	E	M	N	F	E	Ú	S	É
L	E	G	Á	S	Y	N	O	K	É	T	Ó	J	Z	S
A	K	L	I	J	O	D	V	K	P	P	R	F	Ü	I
T	T	Ö	R	T	É	N	E	L	E	M	J	I	K	R
O	N	A	G	Y	L	E	L	K	Ű	S	É	G	S	E
K	O	S	Á	V	Í	H	I	K	C	O	V	X	É	B
U	Z	N	O	N	J	S	I	L	Á	B	O	L	G	M
C	É	L	O	K	N	Y	I	L	V	Á	N	O	S	E

GYERMEKEK
SZÜKSÉG
JÓTÉKONYSÁG
KÖZÖSSÉG
KAPCSOLATOK
PÉNZÜGY
ALAPOK
NAGYLELKŰSÉG
IFJÚSÁG
GLOBÁLIS

CSOPORTOK
KÜLDETÉS
CÉLOK
ŐSZINTESÉG
EMBEREK
PROGRAMOK
NYILVÁNOS
KIHÍVÁSOK
TÖRTÉNELEM
EMBERISÉG

51 - Ecologia

A	S	S	I	L	Á	B	O	L	G	C	D	F	F	T
T	N	R	O	A	Y	J	V	D	R	S	B	A	U	E
J	E	A	L	K	O	S	Á	R	R	O	F	U	S	R
A	É	N	O	H	F	U	H	D	H	V	E	N	M	M
F	G	A	G	L	K	É	L	U	M	R	N	A	G	É
N	H	S	O	E	A	N	L	R	S	H	A	X	K	S
Ö	A	Z	U	A	R	X	H	E	K	U	P	L	Ö	Z
V	J	Á	T	E	V	I	R	Á	S	C	O	M	Z	E
É	L	L	K	Ú	U	H	D	K	O	É	V	K	Ö	T
N	A	Y	B	Y	L	E	H	Ő	L	É	G	E	S	E
Y	T	E	Z	Y	N	É	V	Ö	N	T	N	I	S	S
E	T	E	Z	N	T	A	L	D	A	T	P	L	É	U
K	G	Á	L	I	V	Y	N	É	V	Ö	N	V	G	N
R	Y	D	D	T	F	A	J	F	S	S	M	G	E	J
T	E	R	M	É	S	Z	E	T	X	M	I	P	K	V

ÉGHAJLAT
KÖZÖSSÉGEK
SOKFÉLESÉG
FAUNA
NÖVÉNYVILÁG
GLOBÁLIS
ÉLŐHELY
TENGERI
TERMÉSZET
TERMÉSZETES
MOCSÁR
NÖVÉNYEK
FORRÁSOK
ASZÁLY
TÚLÉLÉS
FAJ
FAJTA
NÖVÉNYZET

52 - Discipline Scientifiche

F	K	G	E	O	L	Ó	G	I	A	M	W	H	Y	N
I	J	É	V	E	D	S	T	V	K	E	E	K	T	Á
Z	I	M	M	A	K	N	E	N	I	C	E	N	M	S
I	M	E	S	I	T	X	Z	W	N	H	U	H	C	V
O	M	T	Z	G	A	X	S	J	A	A	R	G	A	Á
L	U	E	O	Ó	Z	I	É	X	T	N	X	T	N	N
Ó	N	O	C	L	S	I	G	J	O	I	L	Z	A	Y
G	O	R	I	O	Á	Y	É	Ó	B	K	S	N	T	T
I	L	O	O	H	G	W	R	I	L	A	G	O	Ó	A
A	Ó	L	L	C	A	I	M	É	K	O	I	B	M	N
Z	G	Ó	Ó	I	L	M	T	I	L	Y	I	N	I	Y
A	I	G	G	Z	L	C	S	H	R	E	W	B	A	L
S	A	I	I	S	I	Ö	K	O	L	Ó	G	I	A	W
H	D	A	A	P	S	Á	L	L	A	T	T	A	N	B
M	V	L	I	P	C	C	X	U	F	N	X	L	S	P

ANATÓMIA
RÉGÉSZET
CSILLAGÁSZAT
BIOKÉMIA
BIOLÓGIA
BOTANIKA
KÉMIA
ÖKOLÓGIA
FIZIOLÓGIA
GEOLÓGIA
IMMUNOLÓGIA
MECHANIKA
METEOROLÓGIA
ÁSVÁNYTAN
PSZICHOLÓGIA
SZOCIOLÓGIA
ÁLLATTAN

53 - Scienza

R	A	N	X	S	K	K	R	E	Z	S	D	Ó	M	J
J	É	P	N	V	N	T	E	Z	S	É	M	R	E	T
E	Y	S	J	S	I	E	T	U	F	N	O	É	G	M
A	K	I	Z	I	F	L	É	T	R	Ö	T	G	F	O
P	C	Z	N	E	A	R	N	Z	G	V	A	H	I	L
I	P	É	W	O	C	É	Y	L	X	É	F	A	G	E
Y	A	T	C	N	C	S	B	N	V	N	O	J	Y	K
E	D	O	J	A	U	Í	K	T	S	Y	S	L	E	U
O	A	P	V	K	B	K	A	É	S	E	S	A	L	L
H	T	I	A	I	M	É	K	F	K	K	Z	T	É	Á
Y	V	H	E	V	O	L	Ú	C	I	Ó	I	H	S	K
M	U	I	R	Ó	T	A	R	O	B	A	L	D	O	C
G	R	A	V	I	T	Á	C	I	Ó	B	I	S	M	P
R	I	S	T	E	Z	E	V	R	E	Z	S	B	L	Z
J	H	J	D	X	D	U	T	U	D	Ó	S	L	K	S

ATOM
KÉMIAI
ÉGHAJLAT
ADAT
KÍSÉRLET
EVOLÚCIÓ
TÉNY
FIZIKA
FOSSZILIS
GRAVITÁCIÓ
HIPOTÉZIS
LABORATÓRIUM
MÓDSZER
MOLEKULÁK
TERMÉSZET
SZERVEZET
MEGFIGYELÉS
RÉSZECSKÉK
NÖVÉNYEK
TUDÓS

54 - Acqua

K	P	Á	R	O	L	G	Á	S	C	G	H	M	Z	M
I	H	G	W	Y	D	Z	G	R	S	E	U	I	Y	E
S	U	S	Z	S	H	W	O	B	A	J	R	K	W	S
Y	M	N	T	U	Ó	T	M	K	T	Z	R	G	O	Ő
Á	R	V	Í	Z	H	Y	U	T	O	Í	I	S	G	W
H	Z	I	X	Ő	Y	A	H	A	R	R	K	B	E	S
B	H	I	M	G	J	T	N	M	N	N	Á	Z	K	V
H	U	L	L	Á	M	O	K	Y	A	I	N	I	S	W
F	Ö	H	Ó	C	E	Á	N	G	Y	Z	H	S	A	Y
T	N	U	Z	S	N	O	M	A	H	S	H	A	I	G
F	T	X	P	J	O	Z	K	F	D	N	J	O	T	W
T	Ö	T	N	C	É	F	O	L	Y	Ó	B	J	K	Ó
Ó	Z	U	Y	S	R	G	É	S	S	E	V	D	E	N
V	É	C	P	X	Z	C	T	B	T	N	O	G	O	R
S	S	E	V	D	E	N	N	I	Z	G	A	D	K	U

ÁRVÍZ
CSATORNA
ZUHANY
PÁROLGÁS
FOLYÓ
FAGY
GEJZÍR
JÉG
ÖNTÖZÉS
TÓ
MONSZUN
HÓ
ÓCEÁN
HULLÁMOK
ESŐ
IHATÓ
NEDVESSÉG
NEDVES
HURRIKÁN
GŐZ

55 - Imbarcazioni

R	H	G	Y	E	H	A	Y	A	N	K	S	W	O	O
L	K	K	E	N	O	R	Y	Z	N	F	W	D	T	B
I	H	V	W	U	R	G	É	S	Y	N	É	G	E	L
O	K	D	Y	T	G	V	L	É	F	L	D	V	N	É
J	A	C	H	T	O	I	F	R	E	E	A	I	G	T
T	J	O	E	S	N	T	O	E	V	C	G	X	E	Ö
R	Ó	B	R	P	Y	O	L	G	V	M	Á	P	R	K
K	B	R	S	D	G	R	Y	N	R	Y	L	E	I	O
C	O	Á	O	I	N	L	Ó	E	Á	R	Y	Y	A	M
F	W	M	Z	T	H	Á	R	T	S	E	P	V	I	Á
K	O	F	P	U	O	S	A	O	F	G	C	T	L	L
K	A	J	A	K	L	M	Z	Z	L	N	B	Ó	P	L
K	E	N	U	T	U	T	A	J	X	E	S	M	I	U
I	T	R	L	S	D	Z	I	V	E	T	M	W	N	H
W	T	X	Y	Z	X	I	X	A	Y	X	D	L	J	F

ÁRBOC
HORGONY
VITORLÁS
BÓJA
KENU
KÖTÉL
LEGÉNYSÉG
FOLYÓ
KAJAK
TÓ

TENGER
DAGÁLY
TENGERÉSZ
MOTOR
TENGERI
ÓCEÁN
HULLÁMOK
KOMP
JACHT
TUTAJ

56 - Chimica

M	S	R	Z	S	G	H	O	V	S	F	S	N	E	V
O	O	Ó	G	Z	O	W	Ő	I	O	N	Ó	J	N	S
X	G	L	Z	É	R	M	F	T	S	A	V	U	Z	Z
I	Ú	K	E	N	L	O	S	M	V	K	A	O	I	E
G	L	F	U	K	E	L	E	K	T	R	O	N	M	R
É	T	J	O	L	U	T	B	T	Z	X	F	Z	X	V
N	W	S	L	L	H	L	T	H	O	O	V	I	Y	E
N	W	U	W	N	Y	G	A	N	A	T	O	M	I	S
Y	H	C	Z	X	L	A	N	I	L	O	N	J	T	A
R	G	V	X	P	Ú	V	D	H	G	R	P	D	H	R
D	A	J	K	B	S	F	S	É	O	L	X	M	I	M
H	I	D	R	O	G	É	N	A	K	Y	P	U	C	E
V	U	D	F	K	A	T	A	L	I	Z	Á	T	O	R
G	Á	Z	N	U	K	L	E	Á	R	I	S	F	W	C
H	Ő	M	É	R	S	É	K	L	E	T	E	L	U	O

SAV
LÚGOS
ATOMI
HŐ
SZÉN
KATALIZÁTOR
KLÓR
ELEKTRON
ENZIM
GÁZ
HIDROGÉN
ION
FOLYADÉK
MOLEKULA
NUKLEÁRIS
SZERVES
OXIGÉN
SÚLY
SÓ
HŐMÉRSÉKLET

57 - Api

I	Ö	S	F	I	S	O	K	F	É	L	E	S	É	G
V	K	Ö	Z	K	I	R	Á	L	Y	N	Ő	W	S	Á
Z	O	Y	É	Á	V	I	R	Á	G	O	K	W	S	R
J	S	N	M	A	R	V	T	P	I	N	F	X	N	I
P	Z	Ő	P	F	Á	N	N	K	A	S	P	Ü	C	V
O	I	L	A	A	T	É	Y	R	O	V	A	R	S	Y
L	S	E	E	E	P	L	V	A	N	M	N	Y	F	T
L	Z	M	V	V	A	E	I	T	K	M	F	M	T	R
E	T	F	K	P	K	L	A	H	U	E	P	L	R	E
N	É	K	I	Z	R	M	S	S	R	M	N	A	R	K
D	M	G	U	N	Z	I	Z	N	U	A	K	E	M	V
U	A	F	Z	A	K	S	G	P	F	W	J	C	I	F
I	H	E	U	L	P	Z	G	Y	Ü	M	Ö	L	C	S
E	O	X	Z	U	K	E	Y	N	É	V	Ö	N	E	E
K	L	H	N	O	D	R	É	L	Ő	H	E	L	Y	T

SZÁRNYAK
KAPTÁR
ELŐNYÖS
VIASZ
ÉLELMISZER
SOKFÉLESÉG
ÖKOSZISZTÉMA
VIRÁGOK
VIRÁG
GYÜMÖLCS
FÜST
KERT
ÉLŐHELY
ROVAR
MÉZ
NÖVÉNYEK
POLLEN
KIRÁLYNŐ
RAJ
NAP

58 - Strumenti Musicali

C	H	K	P	Z	S	L	C	W	S	R	H	I	O	I
D	A	I	K	O	K	Z	D	Ó	L	L	E	S	C	H
I	I	R	G	N	U	X	A	K	O	D	G	J	D	J
A	B	K	A	G	V	S	C	X	Z	T	E	A	D	M
L	N	I	L	O	D	N	A	M	O	T	D	A	E	L
E	B	I	O	R	I	S	T	T	I	F	Ű	O	C	O
K	O	T	V	A	G	S	R	A	T	F	O	N	Z	B
L	D	É	U	H	Á	R	F	A	O	O	S	N	H	O
L	Ő	N	F	P	D	O	B	G	O	N	G	N	C	A
H	G	I	T	Á	R	H	A	R	S	O	N	A	D	B
V	R	R	T	R	O	M	B	I	T	A	L	V	F	M
B	Ö	A	K	I	N	O	M	R	A	H	G	I	F	I
R	S	L	B	E	N	D	Z	S	Ó	J	P	G	A	R
L	C	K	É	T	Á	J	G	N	A	R	A	H	E	A
E	C	X	W	M	V	Z	L	C	D	W	G	Y	I	M

HARMONIKA
HÁRFA
BENDZSÓ
HARANGJÁTÉK
GITÁR
KLARINÉT
FAGOTT
FUVOLA
GONG
MANDOLIN
MARIMBA
OBOA
ZONGORA
SZAXOFON
CSÖRGŐDOB
DOB
TROMBITA
HARSONA
HEGEDŰ
CSELLÓ

59 - Professioni #2

N	G	Y	C	X	M	Ú	V	I	O	N	F	Z	J	Y
P	U	A	A	O	H	J	P	K	R	Á	N	A	T	W
E	Z	L	X	K	W	S	X	H	V	F	B	X	S	M
U	V	Z	I	L	F	Á	M	F	O	A	O	Ó	T	I
O	N	C	D	R	W	G	D	O	S	X	T	T	Y	L
M	É	R	N	Ö	K	Í	Y	G	U	Y	L	A	Ó	X
W	Y	V	A	C	T	R	P	O	G	H	I	T	Z	S
S	E	B	É	S	Z	Ó	I	R	Ó	F	A	U	O	D
K	E	R	T	É	S	Z	L	V	L	X	E	K	M	E
O	E	L	X	H	D	R	Ó	O	O	P	M	Z	O	X
B	U	X	E	J	J	F	T	S	I	F	F	R	Y	J
Ű	R	H	A	J	Ó	S	A	L	B	Y	E	T	N	R
I	F	E	L	T	A	L	Á	L	Ó	K	O	S	J	G
N	Y	E	L	V	É	S	Z	L	T	O	F	S	T	K
F	I	L	O	Z	Ó	F	U	S	W	S	C	U	R	Ő

ŰRHAJÓS
BIOLÓGUS
SEBÉSZ
FOGORVOS
NYOMOZÓ
FILOZÓFUS
FOTÓS
KERTÉSZ
ÚJSÁGÍRÓ
MÉRNÖK
TANÁR
FELTALÁLÓ
NYELVÉSZ
ORVOS
PILÓTA
FESTŐ
KUTATÓ

60 - Letteratura

R	T	R	A	G	É	D	I	A	N	S	A	I	I	X
Í	S	S	D	D	R	G	M	S	Z	E	R	Z	Ő	K
M	R	I	T	M	U	S	Ű	É	V	J	O	J	T	I
V	A	E	W	L	Z	V	F	T	É	O	F	A	L	B
E	E	V	L	E	C	B	A	E	L	P	A	R	Ö	F
F	X	R	C	Í	R	C	J	T	E	Á	T	T	K	G
Z	G	E	S	R	C	I	B	Z	M	R	E	E	E	H
O	J	B	É	Á	N	E	A	E	É	B	M	L	K	H
N	A	A	Z	S	T	K	B	K	N	E	D	É	R	I
V	S	C	M	T	É	M	A	T	Y	S	F	K	I	I
I	B	U	E	N	T	J	B	E	N	Z	N	K	T	I
A	N	A	L	Ó	G	I	A	V	É	É	A	C	I	O
T	K	V	E	Í	M	G	A	Ö	G	D	Z	G	K	Y
L	R	E	R	A	T	O	D	K	E	N	A	I	A	A
O	F	W	T	C	J	S	L	Y	R	U	A	D	R	Y

ELEMZÉS
ANALÓGIA
ANEKDOTA
SZERZŐ
ÉLETRAJZ
KÖVETKEZTETÉS
KRITIKA
LEÍRÁS
PÁRBESZÉD
MŰFAJ
METAFORA
VÉLEMÉNY
VERS
KÖLTŐI
RÍM
RITMUS
REGÉNY
STÍLUS
TÉMA
TRAGÉDIA

61 - Cibo #2

U	V	P	Z	E	J	O	F	W	L	R	V	P	L	D
G	O	M	B	A	T	O	J	Á	S	I	O	A	N	X
C	M	M	J	O	G	H	U	R	T	Z	D	R	E	V
J	E	N	W	E	X	F	A	F	F	S	C	A	Z	N
R	É	Y	N	E	K	X	N	O	W	I	Y	D	T	C
E	H	I	N	A	Y	P	C	T	S	O	Y	I	P	Y
L	Ő	L	Ő	Z	S	S	H	S	F	I	G	C	A	B
L	P	O	N	Ú	S	A	J	T	I	C	T	S	D	D
E	U	K	P	B	K	E	D	A	K	R	A	O	L	H
Z	D	K	K	I	V	I	R	W	N	H	K	M	I	U
K	O	O	A	L	M	A	H	E	R	R	N	E	Z	A
D	X	R	B	A	N	Á	N	A	S	D	O	N	S	L
S	C	B	Y	O	V	U	K	B	L	C	S	C	Á	P
C	S	O	K	O	L	Á	D	É	I	R	K	Y	N	A
I	U	F	L	W	S	T	L	O	O	L	B	M	F	P

BANÁN
BROKKOLI
CSERESZNYE
CSOKOLÁDÉ
SAJT
GOMBA
BÚZA
KIVI
ALMA
PADLIZSÁN
KENYÉR
HAL
CSIRKE
PARADICSOM
SONKA
RIZS
ZELLER
TOJÁS
SZŐLŐ
JOGHURT

62 - Nutrizione

Ő	T	E	H	E	F	O	L	Y	A	D	É	K	O	K
G	K	O	T	Á	R	D	I	H	N	É	Z	S	A	I
L	R	V	X	J	S	D	I	É	T	A	H	O	J	Y
V	H	I	R	I	K	E	R	E	Z	S	Ű	F	E	S
X	U	G	X	H	N	K	G	K	C	Y	C	J	G	É
É	T	V	Á	G	Y	D	É	É	L	H	A	Y	É	T
E	J	D	P	Y	C	K	S	J	S	K	L	C	S	Z
T	F	J	O	G	O	B	Ő	R	Í	Z	S	Ó	Z	S
V	Á	K	X	D	N	A	N	É	O	T	S	L	S	E
I	H	P	N	X	Y	I	I	H	V	O	M	É	É	J
T	E	T	A	Y	R	R	M	E	N	I	F	T	G	R
A	S	A	B	N	D	Ó	H	F	P	O	I	B	E	E
M	U	B	U	L	Y	L	Ú	S	J	B	M	R	T	T
I	K	Y	G	P	T	A	E	M	É	S	Z	T	É	S
N	Ű	R	E	S	E	K	G	P	G	Z	F	R	S	K

KESERŰ
ÉTVÁGY
KALÓRIA
SZÉNHIDRÁTOK
EHETŐ
DIÉTA
EMÉSZTÉS
ERJESZTÉS
ÍZ
FOLYADÉKOK
TÁPANYAG
SÚLY
FEHÉRJÉK
MINŐSÉG
SZÓSZ
EGÉSZSÉG
EGÉSZSÉGES
FŰSZEREK
TOXIN
VITAMIN

63 - Matematica

E	G	Y	E	N	L	E	T	Z	A	R	J	G	U	I
D	X	W	L	O	J	G	N	É	G	Y	Z	E	T	W
D	Z	K	Z	P	Ő	V	E	T	I	K	V	Z	M	P
S	S	Y	Ő	P	Z	J	B	M	Ö	G	V	S	K	N
P	Z	S	R	S	V	G	O	U	J	R	J	S	N	R
Á	S	Á	É	N	S	U	G	Á	R	H	E	Ö	J	Z
R	Z	S	M	T	É	G	L	A	L	A	P	D	X	L
H	I	Z	T	T	E	L	Ü	R	E	K	S	B	É	X
U	M	Á	Á	O	A	I	R	T	E	M	O	E	G	K
Z	M	M	N	T	M	N	O	G	I	L	O	P	N	F
A	E	O	M	E	R	Ő	L	E	G	E	S	K	S	Y
M	T	K	T	I	Z	E	D	E	S	G	P	J	L	B
O	R	B	S	Z	Ö	G	E	K	P	R	H	T	Y	U
S	I	H	Á	R	O	M	S	Z	Ö	G	B	R	P	X
U	A	J	J	J	S	O	S	U	N	P	W	S	X	X

SZÖGEK
SZÁMTAN
TIZEDES
ÁTMÉRŐ
EGYENLET
KITEVŐ
TÖREDÉK
GEOMETRIA
SZÁMOK
PÁRHUZAMOS
KERÜLET
MERŐLEGES
POLIGON
NÉGYZET
SUGÁR
TÉGLALAP
GÖMB
SZIMMETRIA
ÖSSZEG
HÁROMSZÖG

64 - Meditazione

M	Z	V	I	L	Á	G	O	S	S	Á	G	N	H	M
O	E	L	J	J	J	S	Á	D	A	G	O	F	L	E
Z	N	X	E	G	Y	Ü	T	T	É	R	Z	É	S	G
G	E	G	O	N	D	O	L	A	T	O	K	P	X	F
Á	F	G	Z	F	O	R	M	K	J	T	O	A	R	I
S	Á	T	R	A	T	T	S	E	T	T	S	N	R	G
P	E	R	S	P	E	K	T	Í	V	A	L	Á	H	Y
C	F	S	É	M	M	T	X	S	F	N	H	M	I	E
S	N	I	Z	P	L	P	N	Y	U	G	O	D	T	L
E	G	L	G	T	E	R	M	É	S	Z	E	T	S	É
N	L	Á	É	Y	E	N	U	C	T	U	L	K	K	S
D	M	T	L	K	E	M	L	E	Z	R	É	B	É	U
P	S	N	A	J	C	L	I	Z	S	M	X	R	L	B
T	V	E	G	É	S	S	E	V	D	E	K	X	Z	G
S	X	M	D	P	O	E	I	M	G	V	J	K	Z	J

ELFOGADÁS
FIGYELEM
NYUGODT
VILÁGOSSÁG
EGYÜTTÉRZÉS
ÉRZELMEK
KEDVESSÉG
HÁLA
MENTÁLIS
ELME
MOZGÁS
ZENE
TERMÉSZET
MEGFIGYELÉS
BÉKE
GONDOLATOK
TESTTARTÁS
PERSPEKTÍVA
LÉGZÉS
CSEND

65 - Antiquariato

U	H	B	Á	B	X	Z	L	É	D	N	C	I	N	É
S	S	K	E	R	M	F	K	R	O	B	O	Z	S	R
J	Y	E	S	R	V	Y	Z	T	B	Y	V	S	M	M
U	H	D	R	P	U	E	H	É	G	Ú	Z	X	C	É
E	A	E	J	B	S	H	R	K	Z	U	T	P	K	K
D	A	Z	Á	Z	S	U	Á	É	J	O	S	O	L	M
X	A	I	R	É	L	A	G	Z	S	R	O	D	R	I
H	S	T	Í	L	U	S	D	M	Á	L	Z	T	Z	N
H	E	V	L	T	G	B	W	K	L	S	G	E	Á	Ő
J	L	É	D	E	K	O	R	A	T	Í	V	Z	L	S
H	E	L	Y	R	E	Á	L	L	Í	T	Á	S	L	É
G	T	S	N	Á	G	E	L	E	M	R	F	É	A	G
X	I	G	É	R	O	M	K	E	N	C	H	V	P	L
X	H	Z	U	F	A	U	N	S	I	W	K	Ű	O	Y
S	Z	O	K	A	T	L	A	N	H	A	H	M	T	Z

MŰVÉSZET
ÁRVERÉS
HITELES
ÁLLAPOT
ÉVTIZEDEK
DEKORATÍV
ELEGÁNS
GALÉRIA
SZOKATLAN
BERUHÁZÁS

BÚTOR
ÉRMÉK
ÁR
MINŐSÉG
HELYREÁLLÍTÁS
SZOBOR
SZÁZAD
STÍLUS
ÉRTÉK
RÉGI

66 - Escursionismo

R	P	K	I	O	H	E	F	W	M	D	Á	W	S	T
J	R	E	J	I	W	D	Á	G	E	V	L	S	Z	F
E	G	M	E	R	O	Z	R	S	K	R	L	É	Ú	B
I	T	P	R	K	C	R	A	N	Y	F	A	T	N	O
V	A	I	W	J	V	D	D	D	A	V	T	Í	Y	R
J	L	N	Z	U	H	E	T	A	N	P	O	Z	O	I
X	J	G	É	W	B	P	S	C	I	G	K	S	G	E
H	A	E	H	I	E	A	M	Z	I	S	C	É	O	N
M	H	H	E	G	Y	R	G	U	É	A	A	K	K	T
O	G	Y	N	M	K	K	V	H	Y	L	G	Ő	K	Á
T	É	R	K	É	P	O	W	Í	O	K	Y	L	X	C
N	E	P	E	V	P	K	P	R	Z	I	W	E	Z	I
C	G	G	V	T	E	R	M	É	S	Z	E	T	K	Ó
F	I	K	Ö	F	V	N	P	U	C	S	N	R	W	Z
P	O	T	K	Ó	T	A	T	U	M	T	Ú	S	U	B

VÍZ
ÁLLATOK
KEMPING
ÉGHAJLAT
ÚTMUTATÓK
TÉRKÉP
HEGY
TERMÉSZET
ORIENTÁCIÓ
PARKOK

VESZÉLYEK
NEHÉZ
KÖVEK
ELŐKÉSZÍTÉS
SZIKLA
VAD
NAP
FÁRADT
CSIZMA
SZÚNYOGOK

67 - Professioni #1

P	G	Y	Ó	G	Y	S	Z	E	R	É	S	Z	T	R
K	S	T	Á	N	C	O	S	W	R	G	R	R	W	A
T	A	Z	S	Á	D	A	V	M	Y	J	X	T	J	J
A	T	S	I	R	O	G	N	O	Z	T	C	L	B	R
É	E	É	S	C	D	H	T	U	E	U	Z	X	N	U
K	V	V	N	Z	H	Z	B	I	T	D	R	H	Y	W
S	Ö	Ű	T	S	E	O	X	Y	J	Ó	L	O	P	Á
Z	K	M	O	É	G	R	L	I	S	S	U	A	O	U
E	Y	S	I	N	R	X	K	Ó	Ü	G	Y	V	É	D
R	G	N	W	E	M	K	P	E	G	I	I	P	X	E
É	A	M	K	Z	G	B	É	I	S	U	S	X	Z	V
S	N	R	E	D	Z	Ő	H	P	O	Z	S	H	O	E
Z	G	C	B	A	N	K	Á	R	É	H	T	N	T	Y
C	S	I	L	L	A	G	Á	S	Z	S	G	Ő	H	O
H	G	E	O	L	Ó	G	U	S	H	I	Z	L	V	N

EDZŐ
NAGYKÖVET
MŰVÉSZ
CSILLAGÁSZ
ÜGYVÉD
TÁNCOS
BANKÁR
VADÁSZ
TÉRKÉPÉSZ
SZERKESZTŐ
GYÓGYSZERÉSZ
GEOLÓGUS
ÉKSZERÉSZ
ÁPOLÓ
ZENÉSZ
ZONGORISTA
PSZICHOLÓGUS
TUDÓS

68 - Antartide

H	T	M	F	K	J	D	M	W	L	P	L	P	E	X
Ő	U	I	E	O	K	E	R	E	S	C	C	E	L	G
M	D	G	L	N	Ó	V	F	U	G	N	S	N	G	T
É	O	R	H	T	I	T	M	U	É	Ő	Á	G	P	E
R	M	Á	Ő	I	C	E	A	L	J	F	R	X	S	G
S	Á	C	K	N	Í	Z	Z	T	J	P	Á	Z	A	I
É	N	I	X	E	D	E	O	M	U	I	T	X	É	Z
K	Y	Ó	S	N	E	Y	S	Z	I	K	L	Á	S	S
L	O	B	Z	S	P	N	C	J	K	Á	E	H	G	L
E	S	K	I	S	X	R	E	A	H	N	F	E	B	É
T	I	W	G	A	E	Ö	H	R	P	L	M	K	D	F
H	T	B	E	M	O	K	A	D	I	Á	W	W	K	R
V	M	H	T	J	X	E	C	L	E	B	J	T	O	E
G	Í	T	E	D	V	F	C	Ö	N	Ö	B	Ö	L	O
K	H	Z	K	H	C	D	U	F	W	S	P	V	U	N

VÍZ
KÖRNYEZET
ÖBÖL
BÁLNÁK
MEGŐRZÉS
KONTINENS
FELTÁRÁS
FÖLDRAJZ
GLECCSEREK
JÉG
SZIGETEK
MIGRÁCIÓ
FELHŐK
FÉLSZIGET
KUTATÓ
SZIKLÁS
TUDOMÁNYOS
EXPEDÍCIÓ
HŐMÉRSÉKLET

69 - Libri

T	I	X	S	U	K	I	G	A	R	T	Y	U	Z	T
Ö	D	J	U	B	C	M	F	Ő	L	O	N	Y	Y	R
R	E	M	K	L	Y	L	P	Z	C	A	D	O	N	É
T	V	T	I	V	N	A	R	R	Á	T	O	R	É	F
É	O	J	P	K	É	D	Y	E	J	E	T	Y	G	Á
N	N	E	E	O	M	O	N	Z	P	N	A	O	E	S
E	A	Z	K	Y	E	R	O	S	R	É	Z	E	R	N
L	T	Z	E	M	T	I	K	N	E	T	O	Z	T	Í
M	K	H	T	D	J	K	É	E	Z	R	R	D	R	V
I	O	M	T	N	Ű	H	L	W	M	Ö	O	A	W	B
H	Z	V	Ő	A	Y	S	Á	V	Y	T	S	G	L	E
Y	Ó	G	S	L	G	I	L	O	L	D	A	L	S	K
T	D	M	S	A	Ó	S	A	V	L	O	Y	A	W	O
V	U	E	É	K	O	N	T	E	X	T	U	S	K	M
S	K	O	G	K	Ö	L	T	É	S	Z	E	T	V	P

SZERZŐ
KALAND
GYŰJTEMÉNY
KONTEXTUS
KETTŐSSÉG
EPIKUS
TALÁLÉKONY
IRODALMI
OLVASÓ
NARRÁTOR
OLDAL
KÖLTÉSZET
IDE VONATKOZÓ
REGÉNY
ÍROTT
SOROZAT
TÖRTÉNET
TÖRTÉNELMI
TRAGIKUS
TRÉFÁS

70 - Geografia

H	G	A	X	J	O	X	E	D	T	E	N	G	E	R
M	O	X	J	V	T	T	B	K	É	D	I	V	V	T
S	E	S	H	H	S	X	K	T	E	L	Ü	R	E	T
S	G	R	S	N	E	N	I	T	N	O	K	O	G	Ó
Z	Y	Z	I	Z	S	A	L	T	A	U	K	J	U	Y
É	K	S	A	D	Ú	S	U	A	J	K	A	Y	Z	L
L	L	V	D	X	I	S	M	T	G	Á	Z	S	R	O
E	B	B	V	O	U	Á	Á	A	Á	T	S	Z	V	F
S	D	P	C	O	E	A	N	G	L	É	É	I	Á	T
S	F	É	L	T	E	K	E	U	I	R	D	G	R	L
É	R	N	T	P	E	Z	F	Y	V	K	A	E	O	O
G	Á	S	S	A	G	A	M	N	X	É	H	T	S	M
H	E	G	Y	K	I	E	C	B	M	P	P	I	A	I
I	K	D	V	O	J	D	Y	I	R	X	A	O	P	H
J	O	P	A	G	E	N	K	C	L	W	A	N	Y	K

MAGASSÁG
ATLASZ
VÁROS
KONTINENS
FÉLTEKE
FOLYÓ
SZIGET
SZÉLESSÉG
HOSSZÚSÁG
TÉRKÉP
TENGER
MERIDIÁN
VILÁG
HEGY
ÉSZAK
NYUGAT
ORSZÁG
VIDÉK
DÉL
TERÜLET

71 - Cibo #1

B	E	Z	F	D	T	Á	R	P	A	T	Á	L	A	S
A	P	T	O	B	C	I	C	E	P	H	Ú	S	U	W
Z	E	E	K	N	L	J	W	F	É	B	C	Z	T	V
S	R	J	H	B	G	S	S	A	R	E	L	L	X	K
A	K	C	A	T	N	E	M	H	R	E	W	V	N	B
L	S	Y	G	S	G	J	J	É	É	B	I	O	B	K
I	S	N	Y	C	P	Y	U	J	H	P	A	O	P	C
K	O	F	M	G	C	E	Ü	Z	E	W	K	X	A	R
O	X	M	A	X	I	T	N	M	F	Y	C	A	C	N
M	Z	P	B	M	T	R	G	Ó	Ö	I	Z	I	U	T
V	D	A	E	T	R	Ö	D	S	T	L	H	B	K	O
J	P	P	M	Z	O	K	O	Y	Z	O	C	G	O	R
W	D	R	Y	T	M	T	O	N	H	A	L	S	R	T
H	A	G	Y	M	A	C	E	J	B	V	U	E	L	A
S	Á	R	G	A	R	É	P	A	S	M	G	F	R	É

FOKHAGYMA
BAZSALIKOM
FAHÉJ
HÚS
SÁRGARÉPA
HAGYMA
EPER
SALÁTA
TEJ
CITROM
MENTA
ÁRPA
KÖRTE
FEHÉRRÉPA
SÓ
SPENÓT
GYÜMÖLCSLÉ
TONHAL
TORTA
CUKOR

72 - Aeroplani

I	R	Á	N	Y	L	H	T	A	G	C	X	Ü	P	S
Z	Y	L	T	F	E	L	E	V	E	G	Ő	Z	T	Z
O	Y	Z	N	K	G	W	K	N	O	L	E	E	Ö	Á
S	O	F	K	I	É	A	L	T	C	É	X	M	R	R
É	Z	K	L	D	N	A	L	A	K	G	G	A	T	M
Z	P	C	C	S	Y	B	H	V	H	K	G	N	É	A
E	E	Í	T	M	S	R	A	I	Y	Ö	P	Y	N	Z
V	S	J	T	U	É	F	N	L	D	R	R	A	E	Á
R	C	E	C	É	G	S	L	N	L	R	K	G	L	S
E	I	G	Á	S	S	A	G	A	M	O	O	O	E	Z
T	H	J	A	O	A	T	Ó	L	I	P	N	G	M	V
U	X	C	F	F	T	H	A	J	Ó	Z	I	K	É	Z
M	O	T	O	R	U	U	L	T	I	P	U	E	S	N
W	L	E	S	Z	Á	L	L	Á	S	V	O	É	G	O
T	U	R	B	U	L	E	N	C	I	A	E	C	C	O

MAGASSÁG
LEVEGŐ
LÉGKÖR
LESZÁLLÁS
KALAND
ÜZEMANYAG
ÉG
ÉPÍTÉS
TERVEZÉS
IRÁNY
SZÁRMAZÁS
LEGÉNYSÉG
HIDROGÉN
MOTOR
HAJÓZIK
BALLON
UTAS
PILÓTA
TÖRTÉNELEM
TURBULENCIA

73 - Governo

A	F	J	B	E	A	L	K	O	T	M	Á	N	Y	S
A	C	T	O	Í	M	M	M	X	H	A	T	T	I	Z
R	M	U	D	G	R	L	S	C	D	L	N	E	H	A
A	A	W	V	G	S	Ó	É	G	C	L	P	P	N	B
I	D	Y	P	É	R	M	S	K	R	Á	O	O	I	A
C	É	N	J	S	D	N	R	Á	M	O	L	N	S	D
Á	Z	É	X	N	B	M	K	Ő	G	Ű	I	E	S	S
R	S	V	O	E	W	V	I	T	A	I	T	M	Z	Á
K	E	R	Ü	L	E	T	G	E	Z	R	I	Z	I	G
O	B	Ö	J	T	M	E	O	Z	G	Á	K	E	M	J
M	L	T	L	E	F	Z	J	E	E	G	A	T	B	E
E	L	V	T	G	P	M	S	V	B	L	L	I	Ó	W
D	K	U	K	G	M	E	H	A	I	O	M	R	L	D
J	J	H	X	Ü	Z	N	M	E	L	P	F	E	U	O
L	D	U	P	F	H	K	E	I	M	T	V	K	M	P

VEZETŐ
POLGÁRI
ALKOTMÁNY
DEMOKRÁCIA
BESZÉD
VITA
BÍRÓSÁGI
FÜGGETLENSÉG
JOGI
TÖRVÉNY
SZABADSÁG
EMLÉKMŰ
NEMZETI
NEMZET
POLITIKA
KERÜLET
SZIMBÓLUM
ÁLLAM

74 - Avventura

L	K	V	E	S	Z	É	L	Y	E	S	N	R	H	E
M	E	I	S	Z	O	K	A	T	L	A	N	T	P	L
L	A	H	H	Ú	T	V	O	N	A	L	Y	X	D	Ő
D	X	R	E	Í	F	J	K	J	M	B	L	A	J	K
N	W	I	D	T	V	A	O	P	Ö	G	H	N	N	É
Z	A	V	Ú	Z	Ő	Á	B	A	R	Á	T	O	K	S
N	C	V	J	H	K	S	S	F	Ö	S	A	T	F	Z
O	Z	Y	I	F	B	G	É	O	U	R	P	E	E	Í
Z	K	F	F	G	W	A	R	G	K	O	Y	Z	C	T
E	S	É	L	Y	Á	A	H	S	F	T	E	S	D	É
Y	L	I	G	S	E	C	W	F	G	Á	B	É	D	S
G	Á	S	N	O	T	Z	I	B	N	B	D	M	Z	X
U	T	A	Z	Á	S	O	K	Ó	Y	F	T	R	C	L
S	Z	É	P	S	É	G	É	S	Z	É	H	E	N	T
T	E	V	É	K	E	N	Y	S	É	G	J	T	Y	C

BARÁTOK
TEVÉKENYSÉG
SZÉPSÉG
ESÉLY
BÁTORSÁG
NEHÉZSÉG
ÖRÖM
SZOKATLAN
ÚTVONAL
TERMÉSZET
NAVIGÁCIÓ
ÚJ
LEHETŐSÉG
VESZÉLYES
ELŐKÉSZÍTÉS
KIHÍVÁSOK
BIZTONSÁG
UTAZÁSOK

75 - Forme

K	L	T	G	T	E	A	K	O	R	A	S	X	P	H
U	C	E	H	H	I	P	E	R	B	O	L	A	O	V
X	M	D	H	E	V	K	L	H	E	E	A	K	L	T
U	X	W	N	O	N	A	É	H	U	O	N	C	I	É
K	Ú	P	C	E	I	G	N	A	V	A	O	O	G	G
C	D	P	K	H	S	K	E	H	H	T	V	K	O	L
R	K	G	V	S	I	M	A	R	I	P	C	R	N	A
O	P	V	Ö	H	Á	R	O	M	S	Z	Ö	G	O	L
N	E	G	B	M	P	R	I	Z	M	A	M	W	G	A
J	É	K	Ö	R	B	K	E	R	E	K	K	W	W	P
L	O	G	B	L	V	A	M	Y	X	R	L	D	P	C
J	E	A	Y	O	V	Á	L	I	S	B	N	K	M	E
V	D	S	I	Z	S	P	I	L	L	E	T	N	O	Í
R	P	B	U	V	E	N	H	X	S	H	R	W	E	V
V	A	I	H	E	G	T	U	O	L	D	A	L	S	H

SAROK
ÍV
ÉLEK
KÖR
HENGER
KÚP
KOCKA
ELLIPSZIS
HIPERBOLA
OLDAL
VONAL
OVÁLIS
PIRAMIS
POLIGON
PRIZMA
NÉGYZET
TÉGLALAP
KEREK
GÖMB
HÁROMSZÖG

76 - Oceano

A	V	P	R	W	C	T	R	H	W	W	L	T	E	L
Z	N	A	Á	U	B	E	H	A	P	Á	C	R	A	T
Ú	D	G	K	R	L	K	A	L	R	F	U	C	T	O
D	E	I	O	F	Y	N	O	T	Á	Z	S	J	I	N
E	L	R	R	L	A	Ő	P	N	R	Y	V	Z	P	H
M	F	T	Z	G	N	S	C	A	V	I	Z	S	O	A
L	I	Z	U	Ó	J	A	H	B	F	W	N	S	L	L
W	N	S	R	S	S	U	L	L	Á	R	X	M	I	H
L	P	O	Y	B	W	J	N	S	C	L	Y	Z	P	U
Á	R	A	P	Á	L	Y	J	R	I	C	N	A	U	L
W	A	K	W	H	C	L	U	J	G	T	P	A	T	L
B	H	D	D	E	R	F	A	D	F	U	O	C	C	Á
A	I	H	G	O	H	C	Z	R	T	L	I	O	J	M
G	V	X	O	E	R	A	A	X	O	M	N	R	D	O
G	A	R	N	É	L	A	R	Á	K	K	R	A	S	K

ANGOLNA
BÁLNA
HAJÓ
KORALL
DELFIN
GARNÉLARÁK
RÁK
ÁRAPÁLY
MEDÚZA
HULLÁMOK
OSZTRIGA
HAL
POLIP
SÓ
ZÁTONY
SZIVACS
CÁPA
TEKNŐS
VIHAR
TONHAL

77 - Creatività

Z	A	G	K	O	B	C	K	P	H	T	G	E	O	A
I	G	É	S	S	E	L	E	T	I	H	S	L	L	D
S	F	H	G	O	N	Á	T	N	O	P	S	R	D	O
É	E	Z	T	Y	Y	N	O	K	É	L	Á	L	A	T
Z	R	I	L	U	O	V	B	G	V	F	J	G	H	I
E	S	Z	G	Z	M	Ó	I	C	Í	U	T	N	I	N
J	Z	S	E	G	Á	F	B	J	Z	U	W	J	J	T
E	E	É	O	L	S	D	V	L	I	P	F	S	D	E
F	N	V	D	F	M	P	T	A	Ó	C	P	I	P	N
I	Z	Ű	I	R	X	E	X	N	K	Z	Z	M	T	Z
K	Á	M	R	G	Á	M	K	E	T	E	L	T	Ö	I
R	C	X	D	F	O	M	K	É	S	Z	S	É	G	T
P	I	P	F	S	R	Z	A	I	H	L	E	T	Y	Á
É	Ó	O	X	E	V	F	U	I	C	B	W	X	I	S
K	É	P	Z	E	L	E	T	É	L	E	T	E	R	Ő

KÉSZSÉG
MŰVÉSZI
HITELESSÉG
DRÁMAI
ÉRZELMEK
KIFEJEZÉS
ÖTLETEK
KÉPZELET
KÉP
BENYOMÁS
INTENZITÁS
INTUÍCIÓ
TALÁLÉKONY
IHLET
SZENZÁCIÓ
SPONTÁN
VÍZIÓK
ÉLETERŐ

78 - Veicoli

H	M	W	F	U	B	V	Z	F	X	E	J	R	E	M
A	J	E	B	X	J	A	T	U	T	P	A	X	N	E
J	N	D	N	R	Z	R	K	R	M	E	T	R	Ó	T
Ó	S	L	O	T	G	N	Ó	G	O	B	O	R	S	K
T	M	T	I	A	Ő	C	Z	O	B	L	C	J	V	D
D	G	K	M	N	B	A	S	N	L	M	O	T	O	R
J	V	A	A	O	N	E	U	S	R	N	P	M	P	W
Z	L	I	K	V	P	S	B	T	B	Y	J	A	X	B
K	O	M	P	J	S	C	P	V	Ó	T	U	A	T	L
I	S	G	H	E	L	I	K	O	P	T	E	R	G	M
M	C	C	B	T	N	F	X	Z	K	H	Y	I	J	E
U	T	J	I	A	R	X	K	A	T	É	K	A	R	N
G	K	E	R	É	K	P	Á	R	T	O	S	B	X	A
R	E	P	Ü	L	Ő	G	É	P	U	P	N	O	E	E
J	N	E	B	C	S	H	M	T	R	A	K	T	O	R

REPÜLŐGÉP
MENTŐAUTÓ
AUTÓ
BUSZ
HAJÓ
KERÉKPÁR
KAMION
HELIKOPTER
FURGON
METRÓ
MOTOR
GUMIK
RAKÉTA
ROBOGÓ
TAXI
KOMP
TRAKTOR
VONAT
TUTAJ

79 - Natura

U	G	W	P	V	B	L	K	D	Ő	D	R	E	V	W
Ó	Y	L	O	F	A	I	Ó	P	X	I	P	D	A	Y
G	X	P	E	F	G	D	I	G	K	N	F	I	X	J
X	O	C	L	C	D	G	Z	Z	R	A	U	T	P	S
U	T	L	T	H	C	E	Ó	I	A	M	R	Z	M	D
O	A	A	I	U	P	S	R	V	X	I	K	H	F	A
S	Z	É	P	S	É	G	E	Ű	P	K	E	H	É	M
J	O	I	F	M	I	O	F	R	S	U	Y	V	P	U
F	B	R	B	T	E	O	E	B	J	S	G	F	H	I
U	M	C	X	N	S	K	L	D	U	R	E	Z	S	N
F	O	F	N	Y	N	S	H	W	O	M	H	K	R	U
G	L	J	P	B	H	G	Ő	K	Ö	D	Y	O	Y	V
T	R	Ó	P	U	S	I	K	É	D	E	N	E	M	R
S	I	V	A	T	A	G	S	Z	E	N	T	É	L	Y
V	R	L	V	Á	L	L	A	T	O	K	G	W	N	X

ÁLLATOK
MÉHEK
SZÉPSÉG
SIVATAG
DINAMIKUS
ERÓZIÓ
FOLYÓ
LOMBOZAT
ERDŐ
GLECCSER
HEGYEK
KÖD
FELHŐK
MENEDÉK
SZENTÉLY
VAD
DERŰS
TRÓPUSI

80 - Balletto

W	O	F	C	K	D	I	Z	B	R	C	I	G	G	K
U	G	A	K	I	N	H	C	E	T	P	I	J	E	O
H	I	L	G	O	H	O	R	G	N	X	V	Y	S	R
Z	E	N	E	S	Z	E	R	Z	Ő	E	T	X	Z	E
I	D	R	T	I	P	J	A	A	R	G	F	F	T	O
W	C	S	H	T	A	L	R	O	K	A	Y	G	U	G
G	S	U	L	Í	T	S	P	A	T	E	A	M	S	R
É	S	M	Ű	V	É	S	Z	I	I	T	N	M	O	Á
S	Á	T	I	Z	N	E	T	N	I	Á	I	E	W	F
N	K	I	A	Z	Y	S	V	K	K	N	R	P	Z	I
Ö	F	R	F	M	H	C	I	L	I	C	E	R	W	A
Z	A	I	S	X	E	E	T	K	Z	O	L	Ó	W	P
Ö	R	U	L	K	B	K	X	L	M	S	A	B	L	F
K	K	I	F	E	J	E	Z	Ő	O	O	B	A	S	X
G	G	U	G	É	S	Z	S	É	K	K	B	M	S	Z

KÉSZSÉG
TAPS
MŰVÉSZI
BALERINA
TÁNCOSOK
ZENESZERZŐ
KOREOGRÁFIA
KIFEJEZŐ
GESZTUS
KECSES
INTENZITÁS
IZMOK
ZENE
ZENEKAR
GYAKORLAT
PRÓBA
KÖZÖNSÉG
RITMUS
STÍLUS
TECHNIKA

81 - Paesi #1

T	Z	A	A	H	G	Á	Z	S	R	O	N	N	I	F
E	W	X	W	B	F	M	A	R	O	K	K	Ó	N	S
N	E	L	M	O	T	P	I	Y	G	E	A	X	D	P
K	É	A	A	X	M	L	N	O	L	P	V	H	I	A
C	A	M	R	Z	P	Í	Á	J	L	J	V	M	A	N
X	I	N	E	J	E	B	M	U	E	C	A	A	I	Y
Y	G	N	A	T	S	I	O	M	A	L	I	N	L	O
P	É	X	M	D	O	A	R	M	R	Y	L	T	Í	L
T	V	B	A	K	A	R	I	W	Z	I	Y	E	Z	O
J	R	G	N	I	H	K	S	L	I	R	U	I	A	R
U	O	K	A	A	L	E	U	Z	E	N	E	V	R	S
A	N	H	P	S	G	J	U	P	Á	H	H	M	B	Z
S	Z	E	N	E	G	Á	L	W	S	G	O	V	M	Á
L	E	N	G	Y	E	L	O	R	S	Z	Á	G	O	G
K	A	M	B	O	D	Z	S	A	T	F	X	C	L	Z

BRAZÍLIA
KAMBODZSA
KANADA
EGYIPTOM
FINNORSZÁG
NÉMETORSZÁG
INDIA
IRAK
IZRAEL
LÍBIA
MALI
MAROKKÓ
NORVÉGIA
PANAMA
LENGYELORSZÁG
ROMÁNIA
SZENEGÁL
SPANYOLORSZÁG
VENEZUELA
VIETNAM

82 - Geometria

S	Z	I	M	M	E	T	R	I	A	R	V	Í	A	U
O	N	H	F	T	S	P	Ö	T	I	V	Í	V	D	O
M	Á	E	Á	L	S	F	K	H	I	S	Z	E	L	F
A	I	H	M	R	R	R	M	F	O	S	S	A	W	E
Z	D	A	C	G	O	U	G	V	Z	E	Z	E	A	L
U	E	O	Ó	F	E	M	H	X	I	G	I	G	L	Ü
H	M	E	I	M	Á	Z	S	U	N	E	N	Y	D	L
R	M	Z	Z	S	N	E	S	Z	W	L	T	E	O	E
Á	P	X	N	F	Z	B	E	I	Ö	Ő	E	N	Z	T
P	K	A	E	Y	N	Á	R	A	F	G	S	L	T	X
Ő	R	É	M	T	Á	A	M	Y	R	G	L	E	K	O
L	O	G	I	K	A	V	D	Í	B	Ü	M	T	H	W
C	Z	G	D	S	Z	Ö	G	Z	T	F	Z	Y	M	X
E	L	M	É	L	E	T	Z	B	A	Á	P	Y	J	R
M	A	G	A	S	S	Á	G	M	M	A	S	I	C	L

MAGASSÁG
SZÖG
SZÁMÍTÁS
KÖR
ÍV
ÁTMÉRŐ
DIMENZIÓ
EGYENLET
LOGIKA
MEDIÁN
SZÁM
VÍZSZINTES
PÁRHUZAMOS
ARÁNY
SZEGMENS
SZIMMETRIA
FELÜLET
ELMÉLET
HÁROMSZÖG
FÜGGŐLEGES

83 - Edifici

M	S	F	B	U	P	G	U	F	A	L	I	S	A	E
Ú	Z	K	T	E	K	R	A	M	R	E	P	U	Z	S
Z	Á	Ó	A	G	M	W	D	Z	N	O	E	Y	A	N
E	L	R	I	S	K	O	L	A	D	S	K	Ó	K	A
U	L	H	J	H	H	A	T	Z	S	A	D	L	S	G
M	O	Á	S	N	M	E	O	T	G	Y	S	L	B	Y
H	D	Z	T	E	G	Y	E	T	E	M	L	Á	N	K
L	A	J	A	T	O	R	O	N	Y	V	A	Z	G	Ö
Y	N	O	D	S	J	K	C	I	P	Á	K	S	L	V
S	M	Z	I	D	Y	N	S	B	F	R	Á	K	I	E
J	Á	Y	O	G	M	Y	V	A	T	U	S	E	N	T
R	F	T	N	I	U	O	V	K	R	R	A	I	F	S
Y	G	I	O	L	P	H	Z	Á	H	N	Í	Z	S	É
B	D	G	A	R	Á	Y	G	I	P	A	J	T	A	G
B	E	M	L	A	B	O	R	A	T	Ó	R	I	U	M

NAGYKÖVETSÉG
LAKÁS
KABIN
VÁR
MOZI
GYÁR
GAZDASÁG
PAJTA
SZÁLLODA
LABORATÓRIUM
MÚZEUM
KÓRHÁZ
SZÁLLÓ
ISKOLA
STADION
SZUPERMARKET
SZÍNHÁZ
SÁTOR
TORONY
EGYETEM

84 - Malattia

V	B	M	T	T	A	I	T	Á	P	O	R	U	E	N
V	P	O	V	Ü	S	T	Ő	E	G	N	E	Y	G	L
A	M	Ó	R	D	N	I	Z	S	S	É	Z	G	É	L
Ö	O	G	J	Ő	Y	K	Ő	S	Á	T	D	D	H	I
O	R	C	X	Z	G	É	T	E	D	S	H	A	T	M
C	A	Ö	T	A	V	Y	R	N	A	C	J	T	X	M
G	P	C	K	P	T	G	E	L	L	I	C	N	C	U
É	E	K	C	L	N	Á	F	L	L	S	Z	Í	V	N
S	T	N	B	C	E	E	B	E	U	A	Y	T	R	I
Z	E	R	E	G	C	T	A	W	Y	H	V	I	H	T
S	R	M	N	T	H	S	E	Z	G	Z	K	C	J	Á
É	Á	G	P	Y	I	S	J	S	W	O	X	K	L	S
G	P	I	J	T	U	K	A	L	L	E	R	G	I	A
E	I	I	Z	J	D	A	A	H	K	P	R	I	S	K
O	A	J	I	C	S	U	K	I	N	Ó	R	K	M	H

AKUT
HASI
ALLERGIA
WELLNESS
FERTŐZŐ
TEST
KRÓNIKUS
SZÍV
GYENGE
ÖRÖKLETES
GENETIKAI
IMMUNITÁS
GYULLADÁS
ÁGYÉKI
NEUROPÁTIA
TÜDŐ
LÉGZÉS
EGÉSZSÉG
SZINDRÓMA
TERÁPIA

85 - Paesi #2

G	H	S	D	S	J	T	U	C	X	A	M	I	N	T
Ö	V	X	Z	D	A	I	R	É	B	I	L	K	N	E
R	V	O	Y	F	M	M	F	A	F	N	U	X	Z	D
Ö	O	N	K	O	A	E	T	U	K	Á	J	A	Z	O
G	U	Á	Ó	K	I	X	E	M	K	D	J	C	Y	K
O	G	T	I	C	C	N	E	R	M	R	Z	A	X	N
R	A	Z	G	P	A	I	I	R	P	A	A	T	L	W
S	N	S	B	L	A	R	U	G	P	F	A	J	H	R
Z	D	I	J	A	L	A	I	Z	É	N	O	D	N	I
Á	A	K	M	T	B	H	L	N	R	R	A	U	D	A
G	R	A	C	N	Á	D	U	Z	S	T	I	S	D	L
N	E	P	Á	L	N	Á	P	A	J	X	R	A	R	A
J	H	J	G	A	I	P	Ó	I	T	E	Í	W	Z	O
H	A	I	T	I	A	Í	R	O	R	S	Z	Á	G	S
O	R	O	S	Z	O	R	S	Z	Á	G	S	E	O	Z

ALBÁNIA
DÁNIA
ETIÓPIA
JAMAICA
JAPÁN
GÖRÖGORSZÁG
HAITI
INDONÉZIA
ÍRORSZÁG
LAOSZ
LIBÉRIA
MEXIKÓ
NEPÁL
NIGÉRIA
PAKISZTÁN
OROSZORSZÁG
SZÍRIA
SZUDÁN
UKRAJNA
UGANDA

86 - Tipi di Capelli

E	K	Ő	Z	S	S	U	G	A	T	S	A	V	D	V
N	G	E	Z	L	E	N	Ö	Z	S	I	N	Ó	R	P
U	R	É	H	E	F	N	N	H	H	L	L	U	V	U
A	M	I	S	E	G	U	D	I	V	Ö	R	Y	M	H
E	N	M	X	Z	Z	F	Ö	Y	R	G	R	C	M	A
B	Y	B	C	T	S	Ü	R	S	Z	Í	N	E	S	N
H	F	A	Z	Y	Ú	É	S	E	G	D	Z	G	H	R
K	O	P	A	S	Z	C	G	T	T	O	N	O	F	A
T	X	A	R	C	S	M	Y	E	S	U	F	H	O	B
Y	N	M	Á	N	S	O	J	K	S	G	F	D	I	B
E	U	A	Z	I	O	I	T	E	E	G	H	E	M	G
N	Z	B	S	F	H	Y	K	F	S	Z	Ü	R	K	E
F	Ü	R	T	Ö	K	Z	G	W	X	S	P	J	K	E
C	E	Y	I	B	K	Y	U	C	V	X	D	S	F	C
V	É	K	O	N	Y	W	J	U	F	K	L	U	B	E

EZÜST
SZÁRAZ
FEHÉR
SZŐKE
RÖVID
KOPASZ
SZÍNES
SZÜRKE
FONOTT
SIMA
HOSSZÚ
BARNA
PUHA
FEKETE
GÖNDÖR
FÜRTÖK
EGÉSZSÉGES
VÉKONY
VASTAG
ZSINÓR

87 - Vestiti

J	K	T	F	K	M	P	U	Y	O	H	J	I	E	N
I	A	A	D	E	R	I	V	J	M	A	O	J	T	P
C	B	D	I	U	Y	Z	D	Z	S	E	K	I	N	U
G	Á	U	V	Ö	X	S	U	A	Z	X	H	S	S	L
K	T	A	A	W	N	A	W	T	N	M	Z	Z	Z	Ó
A	L	B	T	H	U	M	E	R	U	P	X	A	O	V
G	N	I	G	B	C	A	C	T	W	C	G	N	K	E
Á	K	A	R	K	Ö	T	Ő	D	A	N	L	D	N	R
R	U	C	R	B	K	E	S	Z	T	Y	Ű	Á	Y	K
D	U	G	C	C	L	Á	S	O	K	N	Z	L	A	Ö
A	O	H	Z	I	L	Ú	T	S	S	A	I	Z	I	T
N	B	R	A	P	W	V	Z	C	H	D	L	C	X	É
X	N	P	J	Ő	P	F	M	B	D	S	K	A	C	N
R	J	O	F	Y	N	Y	A	K	L	Á	N	C	P	Y
F	A	R	M	E	R	D	N	Z	G	O	C	T	U	W

RUHA
KARKÖTŐ
BLÚZ
ING
KALAP
KABÁT
ÖV
NYAKLÁNC
DZSEKI
SZOKNYA
KÖTÉNY
KESZTYŰ
FARMER
PULÓVER
DIVAT
NADRÁG
PIZSAMA
SZANDÁL
CIPŐ
SÁL

88 - Attività e Tempo Libero

M	C	J	A	D	B	A	L	R	Á	S	O	K	B	W
X	V	R	N	B	L	O	P	Ö	S	U	T	I	Ú	W
F	E	S	T	M	É	N	Y	P	É	T	Ú	C	V	U
X	V	S	I	C	U	Z	O	L	D	A	R	W	Á	B
B	I	E	J	D	N	N	D	A	E	Z	Á	U	R	M
N	X	W	S	K	U	P	L	B	K	Á	Z	J	K	Ű
H	A	L	Á	S	Z	A	T	D	Z	S	Á	Z	O	V
B	G	M	U	S	X	U	A	A	S	S	S	G	D	É
P	I	H	E	N	T	E	T	Ő	É	D	I	G	Á	S
I	E	W	W	Ú	L	L	A	B	T	U	F	N	S	Z
H	O	B	B	I	S	K	G	T	R	V	L	I	E	E
V	F	C	N	H	E	Z	P	W	E	W	O	P	F	T
K	S	Á	L	R	Á	S	Á	V	K	A	G	M	N	Y
F	N	K	L	L	A	B	E	S	A	B	A	E	R	A
D	O	F	J	U	W	R	B	O	K	S	Z	K	K	W

MŰVÉSZET
BASEBALL
KOSÁRLABDA
BOKSZ
FUTBALL
KEMPING
TÚRÁZÁS
KERTÉSZKEDÉS
GOLF
HOBBI
BÚVÁRKODÁS
ÚSZÁS
RÖPLABDA
HALÁSZAT
FESTMÉNY
PIHENTETŐ
VÁSÁRLÁS
TENISZ
UTAZÁS

89 - Meteo

M	V	I	Z	U	I	Y	V	I	H	A	R	M	A	P
J	F	M	X	B	V	V	Z	O	K	X	Z	E	S	O
V	D	U	A	X	G	H	Y	T	U	G	P	N	Z	L
S	N	E	I	S	F	J	D	T	N	J	K	N	Á	Á
H	Ő	M	É	R	S	É	K	L	E	T	M	Y	L	R
K	G	T	R	N	Á	K	I	R	R	U	H	D	Y	I
S	Z	Á	R	A	Z	Ö	M	Y	K	O	C	Ö	G	S
Ő	H	R	C	R	Ó	D	Á	N	R	O	T	R	É	S
L	É	G	K	Ö	R	G	N	Y	B	C	L	G	G	X
L	J	É	H	M	O	N	S	Z	U	N	É	É	H	T
E	F	J	Y	N	Á	V	R	Á	V	I	Z	S	A	S
Z	F	E	R	N	A	T	R	Ó	P	U	S	I	J	X
S	E	J	L	O	N	B	W	C	D	L	J	K	L	H
L	F	R	É	H	V	I	L	L	Á	M	X	J	A	P
R	R	F	X	G	Ő	U	C	P	R	J	T	D	T	E

SZIVÁRVÁNY
SZÁRAZ
LÉGKÖR
SZELLŐ
ÉG
ÉGHAJLAT
VILLÁM
JÉG
MONSZUN
KÖD
FELHŐ
POLÁRIS
ASZÁLY
HŐMÉRSÉKLET
VIHAR
TORNÁDÓ
TRÓPUSI
MENNYDÖRGÉS
HURRIKÁN
SZÉL

90 - Corpo Umano

S	V	Á	L	L	T	Z	T	W	F	S	L	C	K	S
P	Z	V	É	R	C	É	U	J	J	Z	Á	L	Ö	Z
Y	É	E	S	O	Z	C	R	A	E	Í	B	U	N	Á
T	K	F	M	M	K	Z	R	D	F	V	S	K	Y	J
M	N	A	C	O	Y	G	O	B	O	K	A	P	Ö	J
K	B	Y	R	Y	M	B	Ő	R	Z	W	K	I	K	S
O	Y	G	A	G	O	P	H	F	N	K	Z	J	R	R
I	I	A	O	K	W	L	I	B	J	M	G	J	H	K
R	C	V	G	J	G	P	A	D	V	X	D	U	Z	R
G	R	J	H	U	S	O	P	O	M	F	Z	M	O	U
I	A	V	S	K	S	V	B	F	I	V	W	L	M	B
N	D	U	M	I	F	H	V	O	F	O	Y	M	X	B
O	E	O	F	J	I	L	F	Ü	L	L	Á	L	P	N
Y	L	F	N	B	S	E	E	X	N	E	H	W	M	T
B	P	P	P	I	E	O	F	T	J	T	Y	D	H	I

SZÁJ
BOKA
AGY
NYAK
SZÍV
UJJ
ARC
LÁB
TÉRD
KÖNYÖK
KÉZ
ÁLL
ORR
SZEM
FÜL
BŐR
VÉR
VÁLL
GYOMOR
FEJ

91 - Mammiferi

Z	E	B	R	A	F	G	M	C	Z	N	K	K	H	O
Y	V	Y	C	C	Á	J	A	O	X	Y	T	J	U	H
K	E	N	G	U	R	U	C	X	B	Ú	I	L	C	M
G	N	N	L	C	I	Y	S	S	I	L	D	V	Z	P
M	O	J	A	M	S	E	K	A	K	N	I	M	F	S
N	Z	R	T	R	Z	A	A	K	A	L	Z	E	A	O
M	J	K	I	W	S	Z	A	R	V	A	S	D	R	H
N	P	V	D	L	O	J	U	A	R	S	V	V	K	I
Á	F	C	K	U	L	F	H	F	J	J	K	E	A	P
L	N	I	Z	U	P	A	N	I	F	L	E	D	S	T
Z	Ó	R	X	W	T	E	C	R	F	B	Á	L	N	A
S	R	Z	H	C	I	Y	T	É	D	H	P	S	W	T
O	V	K	N	F	C	B	A	R	U	E	L	C	O	D
R	E	L	E	F	Á	N	T	P	R	Ó	K	A	Y	F
O	J	D	S	D	X	P	L	S	X	M	W	M	I	C

BÁLNA
KUTYA
KENGURU
LÓ
SZARVAS
NYÚL
PRÉRIFARKAS
DELFIN
ELEFÁNT
MACSKA
ZSIRÁF
GORILLA
OROSZLÁN
FARKAS
MEDVE
JUH
MAJOM
BIKA
RÓKA
ZEBRA

92 - Cucina

R	K	E	R	E	Z	S	Ű	F	F	L	P	Z	H	E
E	E	A	N	C	U	Z	C	E	W	J	Y	W	C	V
Z	S	C	P	N	Y	A	K	Ö	T	É	N	Y	Ó	T
S	É	M	E	Y	I	L	Á	T	K	A	N	C	S	Ó
I	K	V	J	P	T	V	O	O	K	P	C	Z	R	L
M	A	I	R	Z	T	É	M	Y	N	N	A	L	O	V
L	L	I	R	G	Ő	T	Ű	H	Y	L	É	M	K	W
E	F	G	O	C	C	A	C	S	É	S	Z	É	K	S
L	I	K	V	V	Í	Z	F	O	R	R	A	L	Ó	Z
É	P	H	Ű	T	Ő	S	Z	E	K	R	É	N	Y	I
U	J	L	Z	L	A	T	K	A	N	A	L	A	K	V
V	I	L	L	A	U	M	Ü	P	N	M	T	P	A	A
G	D	I	S	F	N	T	Z	S	L	V	K	F	O	C
M	E	R	Ő	K	A	N	Á	L	T	K	C	X	I	S
R	G	C	O	B	T	J	J	G	B	V	A	O	X	A

VÍZFORRALÓ
KANCSÓ
ÉLELMISZER
TÁL
KÉSEK
MÉLYHŰTŐ
KANALAK
VILLA
SÜTŐ
HŰTŐSZEKRÉNY
KÖTÉNY
GRILL
ENNI
MERŐKANÁL
RECEPT
FŰSZEREK
SZIVACS
CSÉSZÉK
SZALVÉTA
KORSÓ

93 - Giardinaggio

A	S	D	W	Y	S	É	M	O	T	L	S	M	T	B
D	R	E	H	F	R	G	Á	R	I	V	Z	U	A	O
S	J	Z	W	V	T	H	A	O	O	S	E	S	R	T
Z	U	C	O	T	A	A	T	F	V	Ö	Z	I	T	A
A	P	T	M	Y	Z	J	Ö	N	W	S	O	P	Á	N
V	Í	Z	G	U	O	L	M	Y	U	C	N	I	L	I
Z	U	E	U	L	B	A	L	W	S	L	Á	S	Y	K
N	Ő	P	Z	A	M	T	Ő	R	U	Ö	L	Z	K	A
S	Y	T	Z	S	O	P	M	O	K	M	I	O	R	W
D	F	A	E	M	L	R	U	K	I	Ü	S	K	G	X
P	H	L	V	H	A	R	R	O	T	Y	Z	T	Z	C
J	Y	A	G	F	E	G	N	S	O	G	Á	R	I	V
P	R	J	A	F	W	U	O	C	Z	D	F	R	C	U
L	E	V	É	L	M	V	B	K	G	F	Y	P	K	F
N	E	D	V	E	S	S	É	G	E	W	U	W	N	S

VÍZ
BOTANIKA
ÉGHAJLAT
EHETŐ
KOMPOSZT
TARTÁLY
EGZOTIKUS
VIRÁG
VIRÁGOS
LEVÉL
LOMBOZAT
GYÜMÖLCSÖS
CSOKOR
MAGOK
FAJ
PISZOK
SZEZONÁLIS
TALAJ
TÖMLŐ
NEDVESSÉG

94 - Universo

H	C	A	N	S	U	K	I	M	Z	O	K	C	H	F
O	S	D	F	Z	S	Á	G	A	L	L	I	S	C	É
S	I	B	O	É	Z	A	D	I	É	G	Y	A	J	L
S	L	J	D	L	O	H	A	R	J	U	I	V	H	T
Z	L	P	N	E	A	T	G	A	L	A	X	I	S	E
Ú	A	M	A	S	J	C	S	O	Y	Y	H	G	V	K
S	G	X	P	S	Z	C	S	A	J	L	K	É	Ö	E
Á	Á	N	E	É	U	T	Ő	S	C	V	Á	T	T	U
G	S	W	X	G	Ó	L	U	D	R	O	F	P	A	N
V	Z	L	É	G	K	Ö	R	I	N	S	K	W	L	C
S	A	D	I	O	R	E	T	Z	S	A	P	Z	L	N
V	T	O	A	V	K	L	Á	T	H	A	T	Ó	Á	G
H	O	R	I	Z	O	N	T	O	Z	B	S	W	K	R
W	D	Z	J	P	Y	H	A	Z	V	S	G	I	W	H
Y	T	L	N	T	E	S	Ö	T	É	T	S	É	G	P

ASZTEROIDA
CSILLAGÁSZAT
CSILLAGÁSZ
LÉGKÖR
SÖTÉTSÉG
ÉGI
ÉG
KOZMIKUS
FÉLTEKE
GALAXIS
SZÉLESSÉG
HOSSZÚSÁG
HOLD
PÁLYA
HORIZONT
NAP
NAPFORDULÓ
TÁVCSŐ
LÁTHATÓ
ÁLLATÖV

95 - Jazz

M	V	W	D	B	A	B	W	Y	Z	Z	L	L	Ö	F
H	Ű	F	I	J	L	E	R	T	O	E	Ú	T	S	N
A	E	V	P	T	B	B	F	R	Y	N	S	J	S	D
N	U	I	É	P	U	R	H	E	N	E	Z	A	Z	I
G	G	N	J	S	M	M	V	C	A	S	C	F	E	T
S	H	D	D	U	Z	Y	S	N	K	Z	I	Ű	T	E
Ú	C	W	A	L	A	H	J	O	Y	E	I	M	É	H
L	U	E	N	Í	U	H	Í	K	Z	R	R	Y	T	E
Y	S	U	M	T	I	R	R	R	M	Z	É	K	E	T
G	N	Y	I	S	K	Z	A	M	E	Ő	G	V	L	S
H	A	H	I	P	H	S	K	C	H	S	I	E	F	É
N	U	X	F	A	D	T	E	C	H	N	I	K	A	G
P	T	I	V	T	Z	I	N	D	A	L	A	W	P	G
L	R	E	E	O	G	K	E	C	N	E	V	D	E	K
E	L	P	Ó	I	C	Á	Z	I	V	O	R	P	M	I

ALBUM
TAPS
MŰVÉSZ
DAL
ZENESZERZŐ
ÖSSZETÉTEL
KONCERT
HANGSÚLY
HÍRES
MŰFAJ
IMPROVIZÁCIÓ
ZENE
ÚJ
ZENEKAR
KEDVENCEK
RITMUS
STÍLUS
TEHETSÉG
TECHNIKA
RÉGI

96 - Vacanze #2

É	S	Y	L	O	T	H	T	V	Y	S	V	I	F	T
S	T	C	K	Y	A	E	F	Í	H	Á	D	U	O	O
Z	G	T	D	D	U	G	O	Z	N	T	N	P	T	B
Á	O	G	E	S	N	Y	J	U	E	Í	A	N	Ó	C
L	E	C	U	R	X	E	T	M	S	L	R	N	K	W
L	D	I	N	Y	E	K	O	U	K	L	T	Y	O	P
O	M	D	S	L	N	M	G	F	G	Á	S	A	S	V
D	M	L	K	E	M	P	I	N	G	Z	R	R	Z	T
A	R	Ö	P	Y	S	X	B	Y	G	S	A	A	I	E
X	L	F	R	G	P	S	Á	Z	A	T	U	L	G	N
Ú	T	L	E	V	É	L	Á	O	X	J	E	Á	E	G
D	W	Ü	O	A	K	R	R	T	L	P	X	S	T	E
T	A	K	Z	D	R	M	S	J	O	V	I	C	B	R
T	E	W	X	X	É	Y	W	A	U	R	T	A	X	I
E	Z	O	R	É	T	Ő	L	Ü	P	E	R	A	Y	E

REPÜLŐTÉR
KEMPING
FOTÓK
SZÁLLODA
SZIGET
TÉRKÉP
TENGER
HEGYEK
ÚTLEVÉL
ÉTTEREM
STRAND
KÜLFÖLDI
TAXI
SÁTOR
SZÁLLÍTÁS
VONAT
NYARALÁS
UTAZÁS
VÍZUM

97 - Attività

T	U	C	G	R	S	K	G	L	P	G	N	Y	H	C
T	Ú	H	K	E	Y	N	É	V	T	J	E	R	A	K
E	K	R	U	S	K	X	S	S	Á	S	A	V	L	O
V	I	A	Á	C	C	T	S	S	Z	X	S	V	Á	V
É	K	Z	O	Z	M	E	E	É	E	S	V	A	S	K
K	A	X	M	E	Á	Z	V	D	E	I	É	I	Z	E
E	P	E	D	R	G	S	Ű	E	Y	Y	E	G	A	M
N	C	A	I	B	T	É	M	K	L	C	N	Á	T	P
Y	S	Ö	R	Ö	M	V	Z	Z	E	C	L	M	N	I
S	O	G	S	X	U	Ű	É	S	Á	R	R	A	V	N
É	L	S	S	L	R	M	K	É	Y	U	Á	A	M	G
G	Ó	G	N	K	O	K	É	T	Á	J	S	M	F	Z
C	D	O	B	A	L	L	S	R	M	A	I	B	I	G
E	Á	U	N	L	U	B	L	E	P	K	D	K	I	A
M	S	S	É	Z	E	P	É	K	Y	N	É	F	S	P

KÉSZSÉG
MŰVÉSZET
KÉZMŰVESSÉG
TEVÉKENYSÉG
KEMPING
KERÁMIA
VARRÁS
TÁNC
TÚRÁZÁS

FÉNYKÉPEZÉS
KERTÉSZKEDÉS
JÁTÉKOK
OLVASÁS
MÁGIA
HALÁSZAT
ÖRÖM
REJTVÉNYEK
KIKAPCSOLÓDÁS

98 - Diplomazia

B	P	E	M	K	H	L	O	V	G	F	P	T	I	F
I	N	G	U	E	Ö	J	X	I	W	H	O	A	N	J
Z	A	Y	I	B	G	Z	Y	T	I	G	L	N	T	A
T	G	Ü	P	F	V	O	Ö	A	F	F	G	Á	E	K
O	Y	T	N	B	Z	V	L	S	M	Y	Á	C	G	O
N	K	T	I	Z	X	K	M	D	S	G	R	S	R	N
S	Ö	M	X	B	Y	H	C	N	Á	É	I	A	I	F
Á	V	Ű	J	U	P	Z	E	B	U	S	G	D	T	L
G	E	K	F	E	L	B	O	N	T	Á	S	Ó	Á	I
E	T	Ö	W	W	A	K	O	R	M	Á	N	Y	S	K
U	A	D	D	I	P	L	O	M	Á	C	I	A	I	T
G	D	É	D	P	O	L	G	Á	R	O	K	K	Z	U
A	M	S	É	D	Ő	Z	R	E	Z	S	O	I	Z	S
P	O	L	I	T	I	K	A	R	A	I	L	T	C	E
N	A	G	Y	K	Ö	V	E	T	S	É	G	E	A	G

NAGYKÖVETSÉG
NAGYKÖVET
POLGÁROK
POLGÁRI
KÖZÖSSÉG
KONFLIKTUS
TANÁCSADÓ
EGYÜTTMŰKÖDÉS
DIPLOMÁCIAI
VITA
ETIKA
KORMÁNY
INTEGRITÁS
POLITIKA
FELBONTÁS
BIZTONSÁG
MEGOLDÁS
SZERZŐDÉS

99 - Forniture Artistiche

D	N	H	L	A	T	Z	S	A	K	E	N	Í	Z	S
V	X	A	I	D	H	G	X	S	E	F	H	R	E	Z
S	P	X	R	A	G	A	S	Z	T	Ó	K	O	T	I
U	Z	P	K	J	O	Y	Y	K	E	X	E	A	D	X
B	H	É	A	E	L	G	P	A	S	Z	T	E	L	L
C	T	C	K	Y	L	A	C	Z	C	I	E	E	Z	A
F	A	S	Z	É	N	L	U	F	E	G	L	U	S	C
K	A	M	E	R	A	I	E	T	I	N	T	A	I	S
M	S	U	P	A	U	U	D	R	Z	S	Ö	B	P	W
I	S	X	U	T	X	K	M	Í	A	Y	C	M	A	P
U	B	F	X	S	J	U	M	D	O	V	Z	C	P	S
I	C	E	R	U	Z	Á	K	A	L	L	K	L	Í	V
G	V	Í	Z	L	D	U	D	R	A	J	A	A	R	R
H	M	W	Y	H	S	E	T	D	J	U	Z	R	L	E
K	R	E	A	T	I	V	I	T	Á	S	W	A	F	M

VÍZ
AKVARELLEK
AKRIL
AGYAG
FASZÉN
PAPÍR
RAGASZTÓ
SZÍNEK
KREATIVITÁS
RADÍR
ÖTLETEK
TINTA
CERUZÁK
OLAJ
PASZTELL
SZÉK
ECSETEK
ASZTAL
KAMERA

100 - Misurazioni

K	I	V	A	D	K	B	N	M	S	O	S	A	Z	A
A	I	C	N	U	S	I	L	P	A	Z	F	C	O	N
Y	S	L	P	I	N	T	F	O	K	O	Z	A	T	N
H	Z	Z	O	M	B	G	K	W	I	W	P	M	B	O
K	Ü	E	É	G	É	S	Y	L	É	M	B	Á	J	T
I	Y	V	R	L	R	C	R	G	R	A	M	M	M	H
L	C	R	E	P	E	A	M	É	R	Ő	I	S	T	O
O	P	K	T	L	O	S	M	Z	M	A	M	Z	I	S
M	W	G	I	A	Y	O	S	M	N	J	A	V	Z	S
É	L	F	L	X	I	K	M	É	Z	E	G	M	E	Z
T	F	O	U	N	O	Y	N	E	G	U	A	K	D	V
E	C	N	H	T	Ö	M	E	G	R	T	S	T	E	G
R	E	T	É	M	I	T	N	E	C	D	S	N	S	L
U	S	Y	S	Ú	L	Y	L	O	P	P	Á	H	T	T
U	Y	T	S	T	L	N	D	G	B	S	G	H	C	V

MAGASSÁG
BÁJT
CENTIMÉTER
KILOGRAMM
KILOMÉTER
TIZEDES
FOKOZAT
GRAMM
SZÉLESSÉG
LITER
HOSSZ
TÖMEG
MÉRŐ
PERC
UNCIA
SÚLY
PINT
HÜVELYK
MÉLYSÉG
TONNA

1 - Scacchi

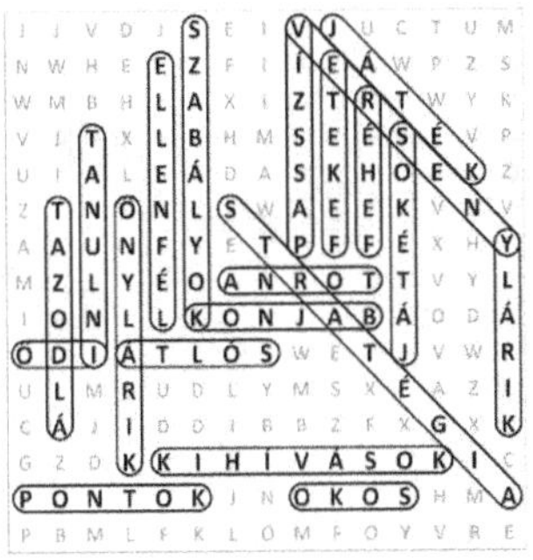

2 - Salute e Benessere #2

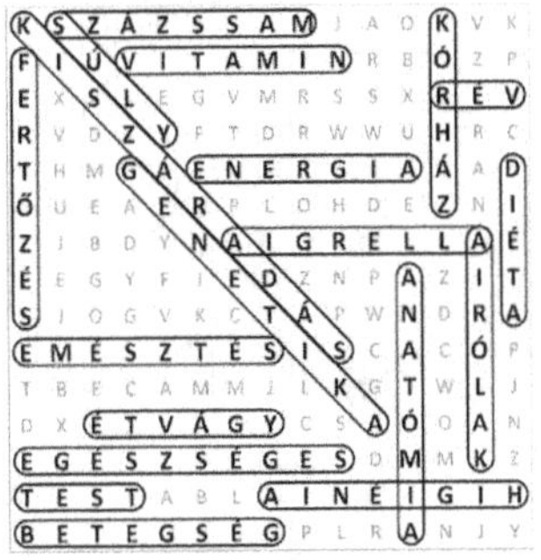

3 - Aggettivi #2

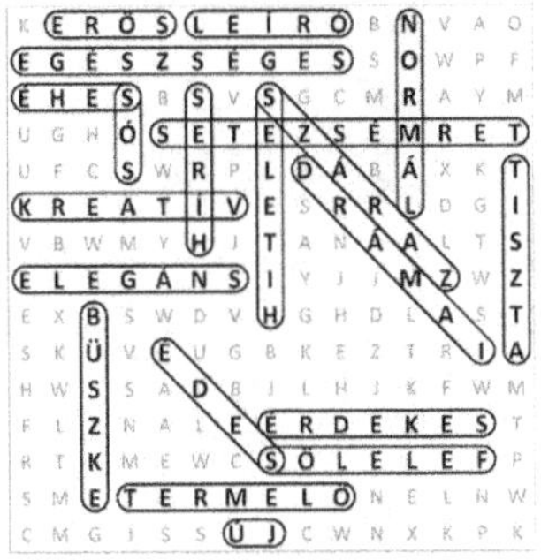

4 - Ingegneria

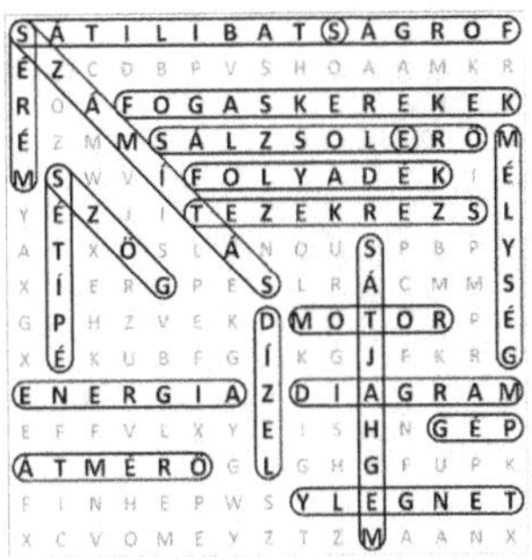

5 - Archeologia

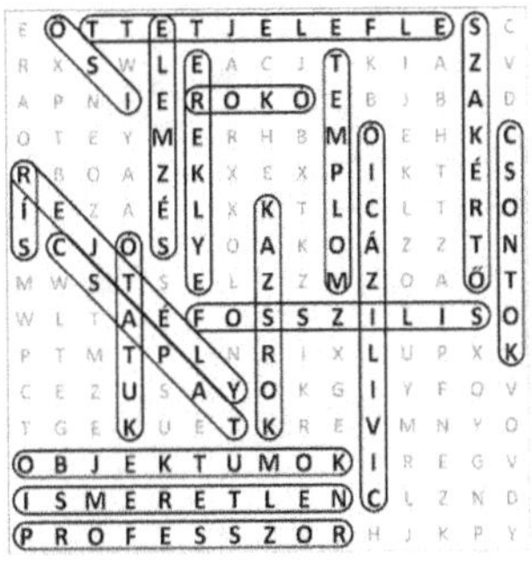

6 - Salute e Benessere #1

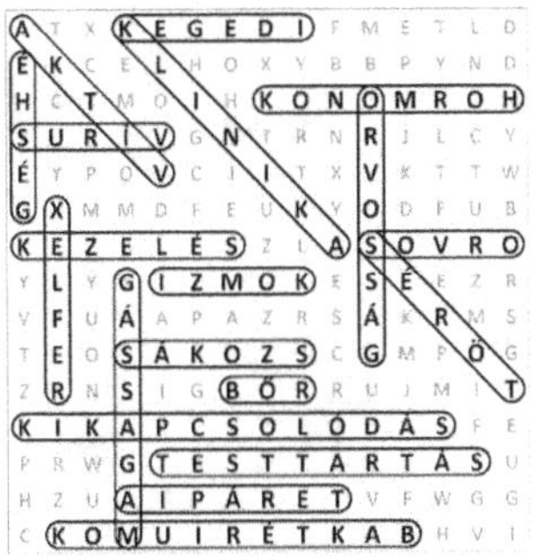

7 - Aggettivi #1

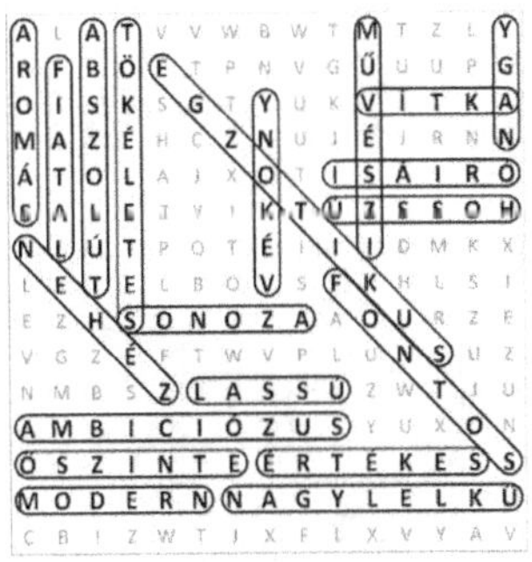

8 - Geologia

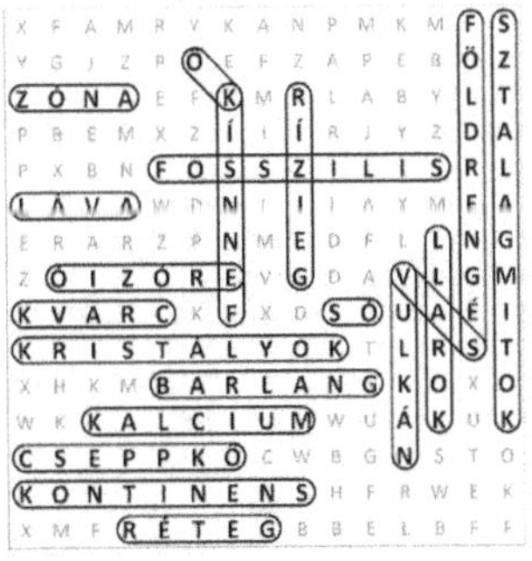

9 - Campeggio

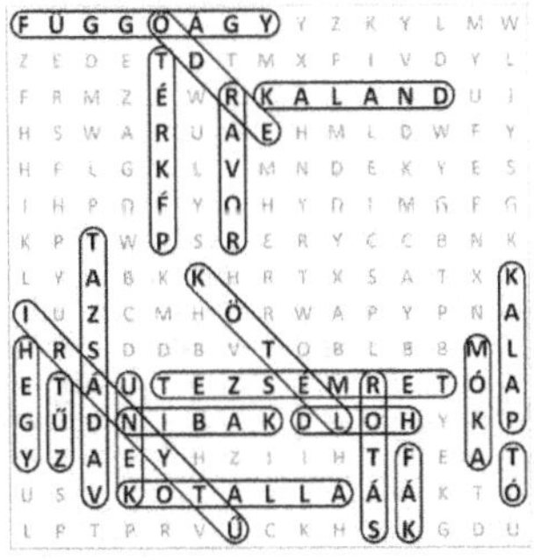

10 - Arti Visive

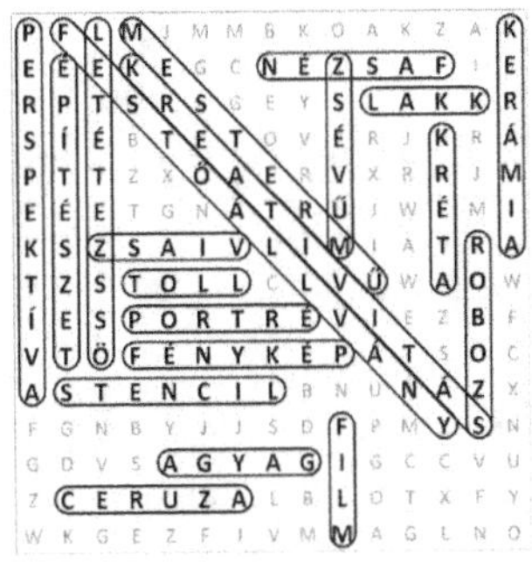

11 - Tempo

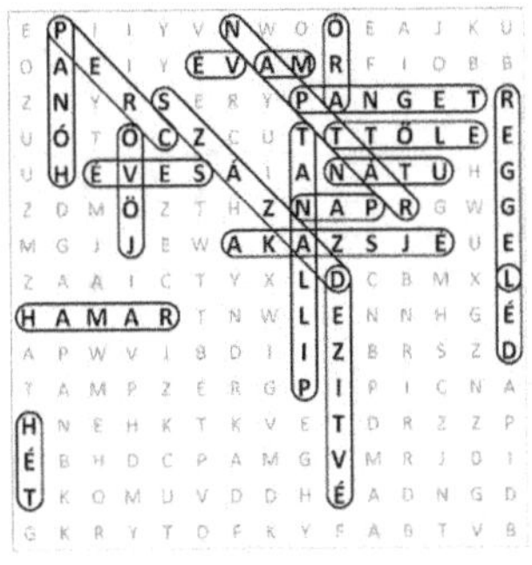

12 - Astronomia

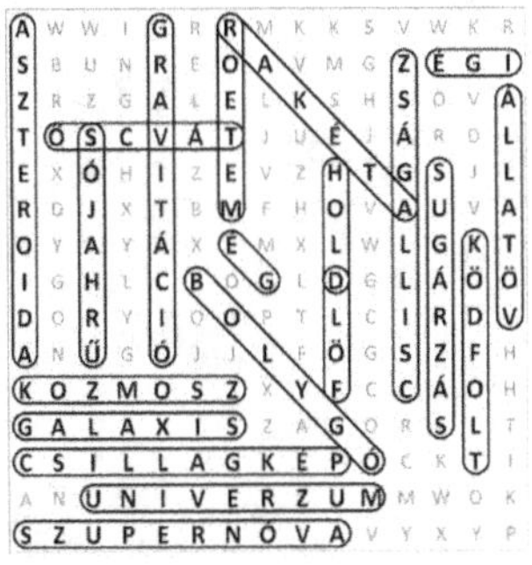

13 - Algebra

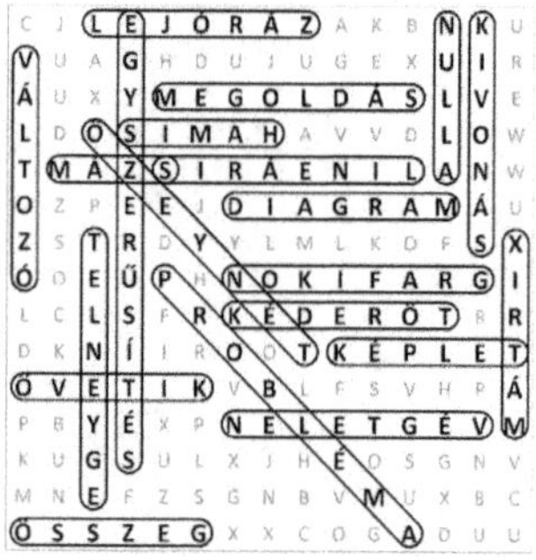

14 - Mitologia

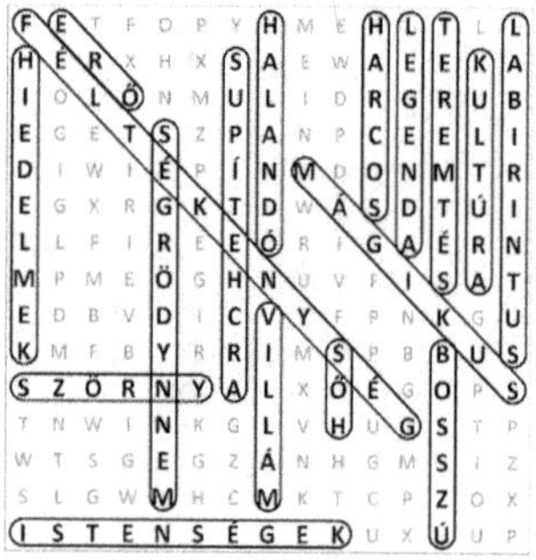

15 - Piante

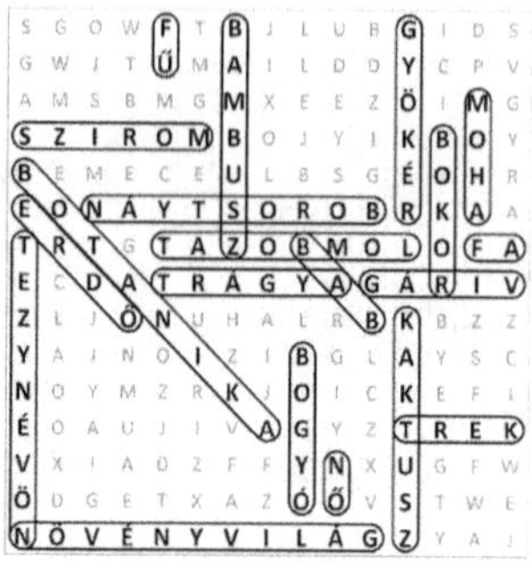

16 - Spezie

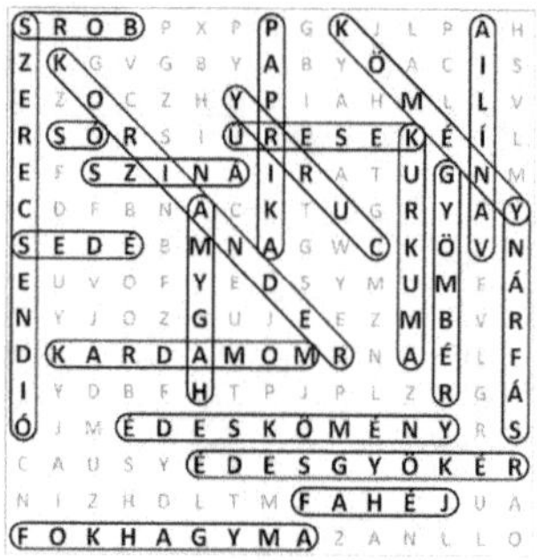

17 - Numeri

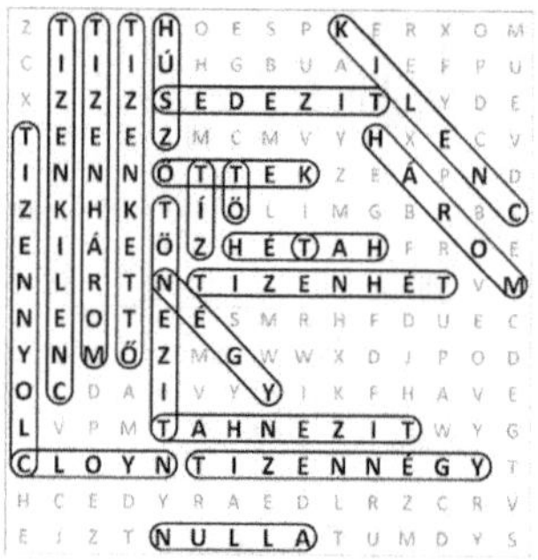

18 - Cioccolato

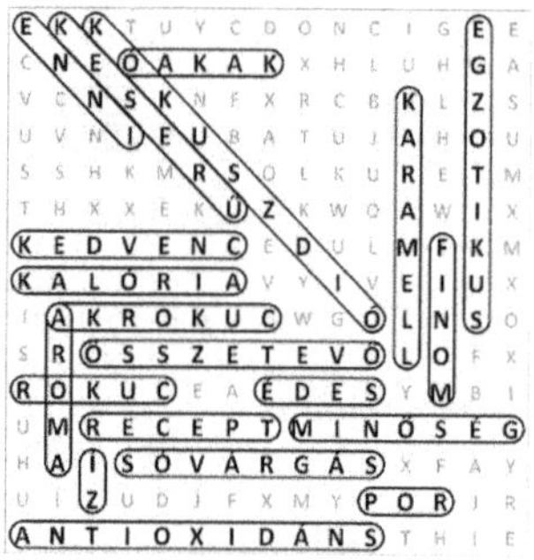

19 - Guida

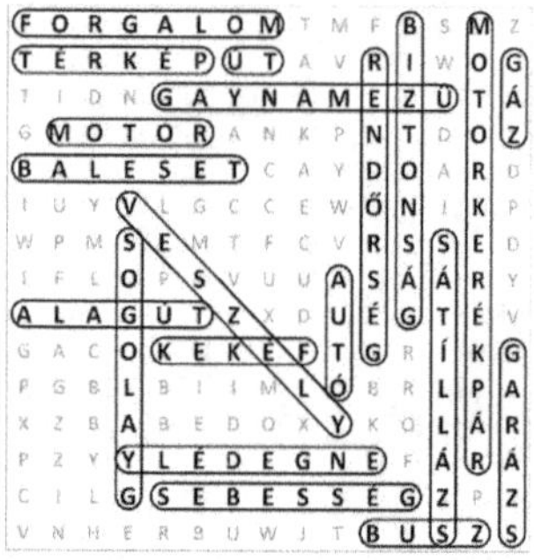

20 - I Media

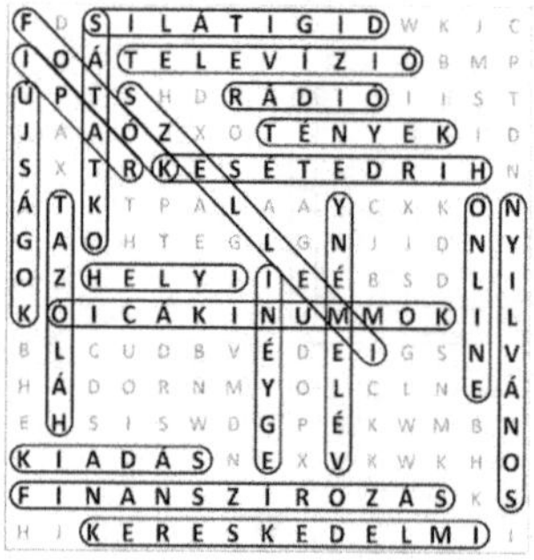

21 - Forza e Gravità

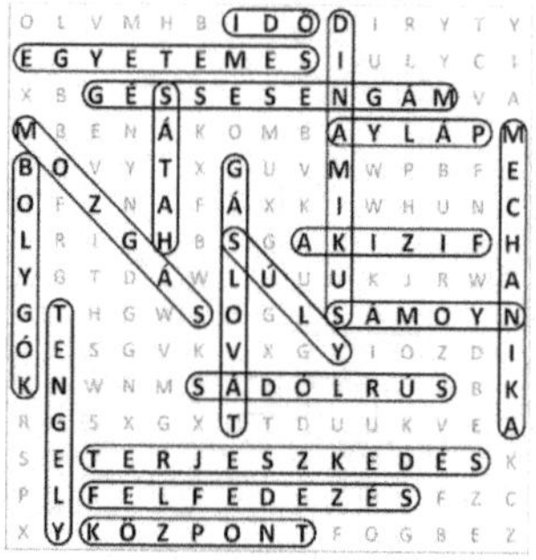

22 - Sport

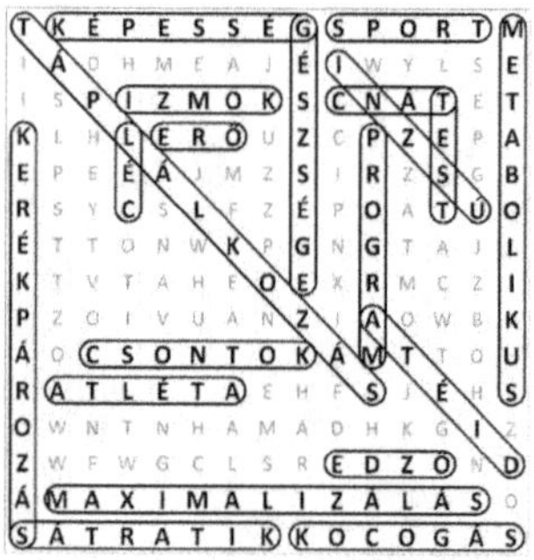

23 - Caffè

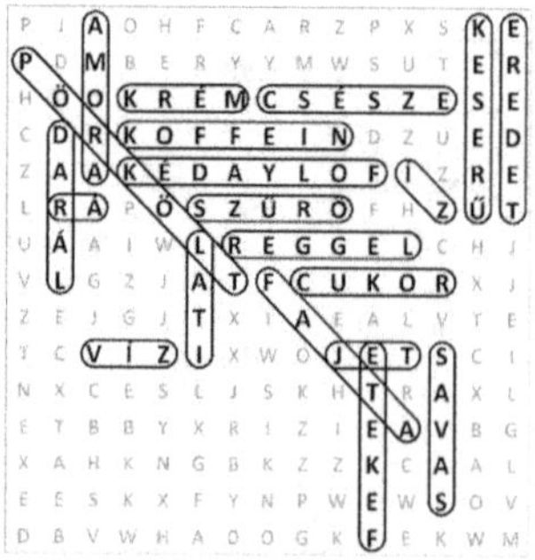

24 - Uccelli

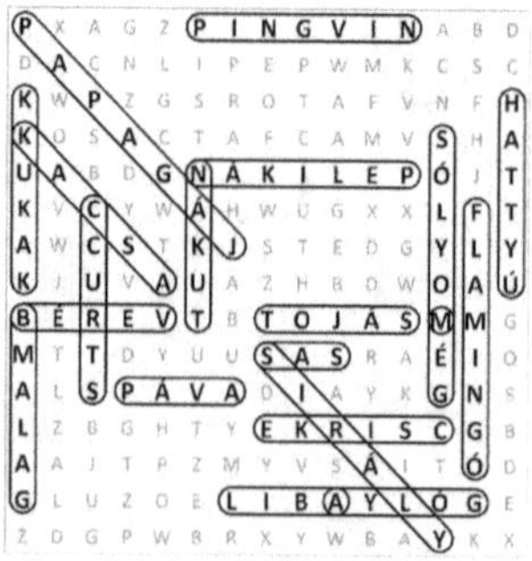

25 - Giorni e Mesi

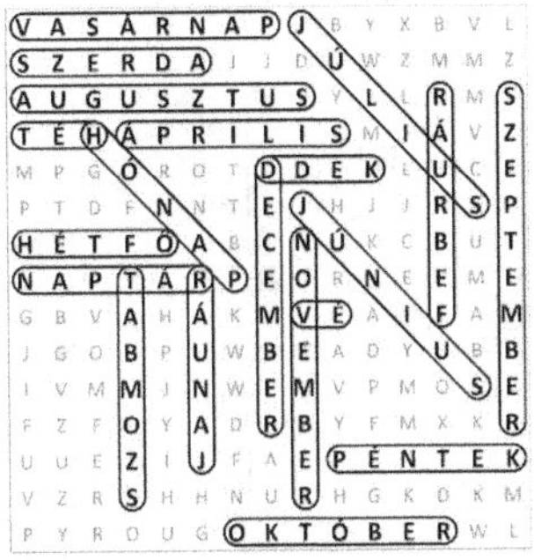

26 - Casa

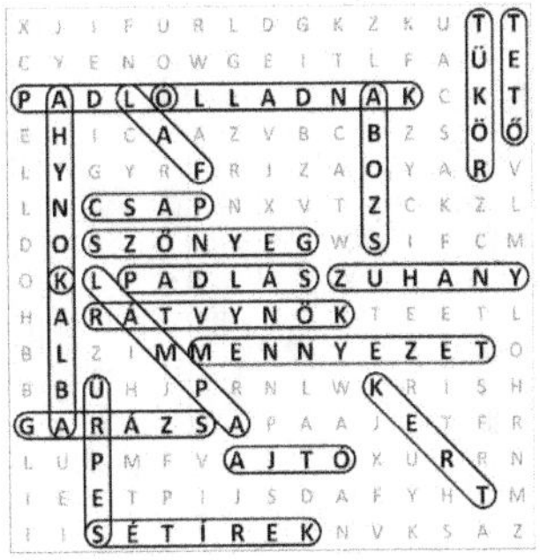

27 - Ristorante #1

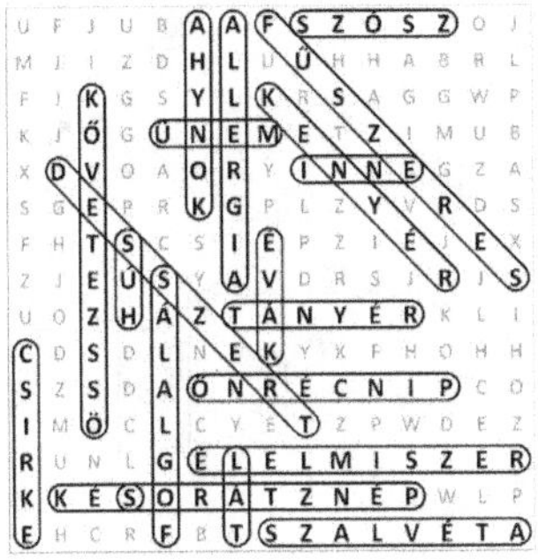

28 - Fantascienza

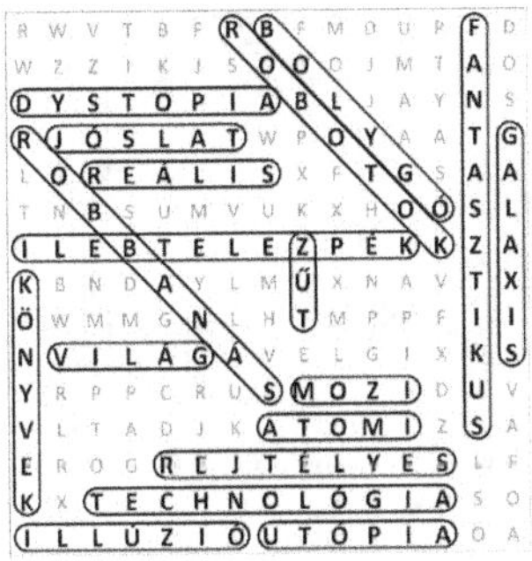

29 - Città

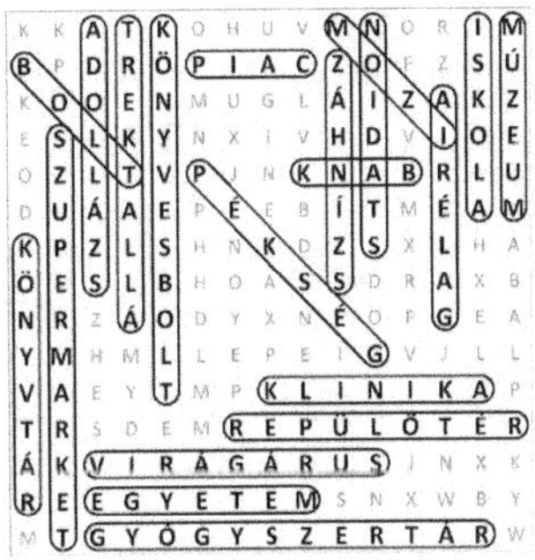

30 - Fattoria #1

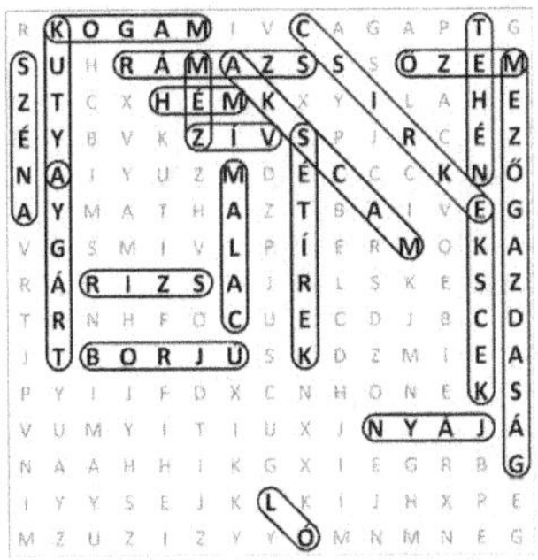

31 - Psicologia

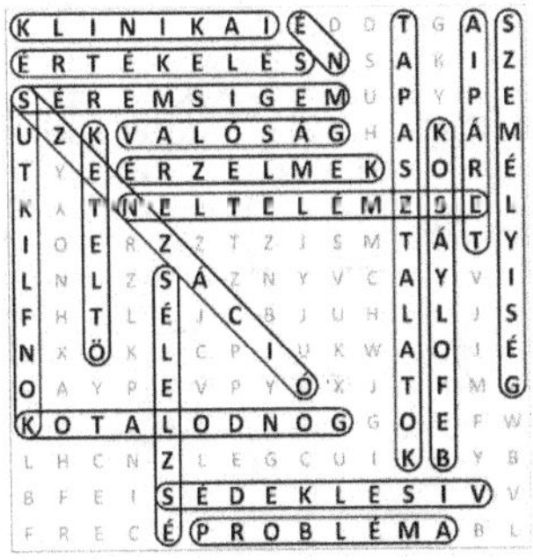

32 - Paesaggi

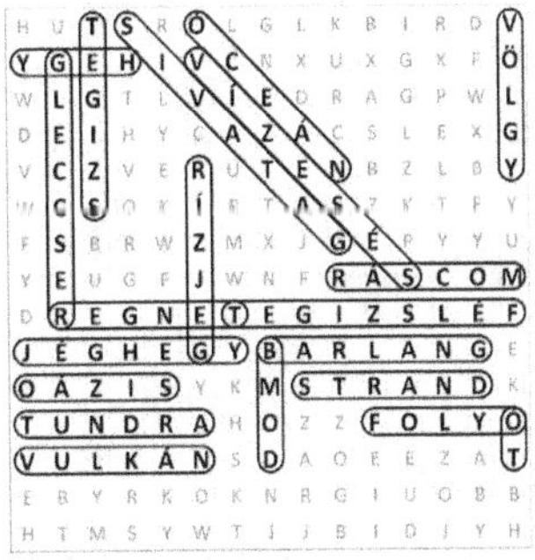

33 - Energia

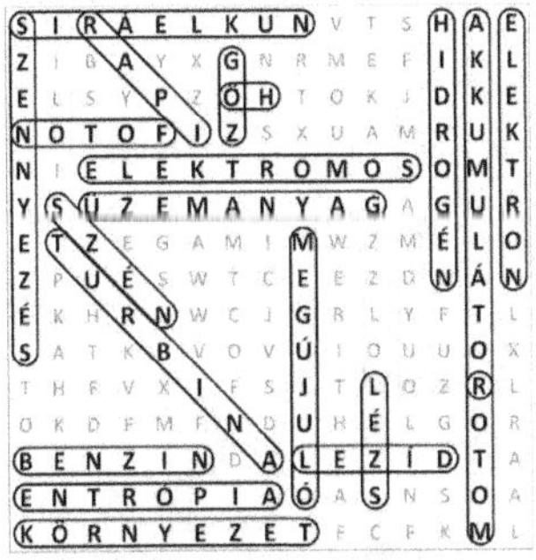

34 - Ristorante #2

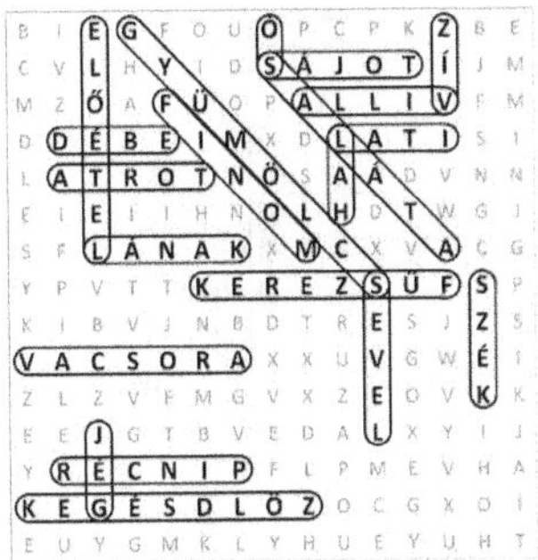

35 - Moda

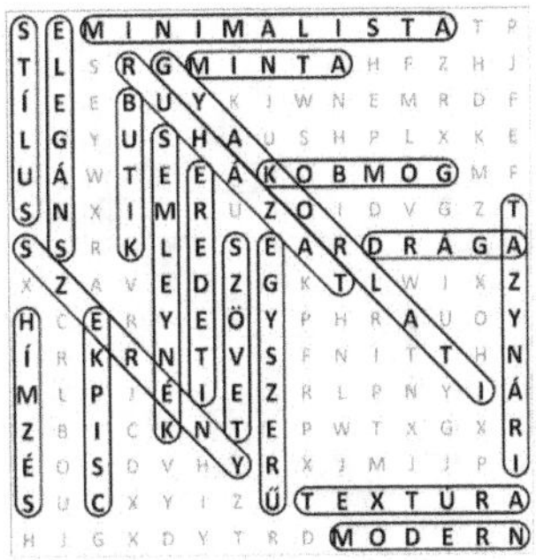

36 - L'Azienda

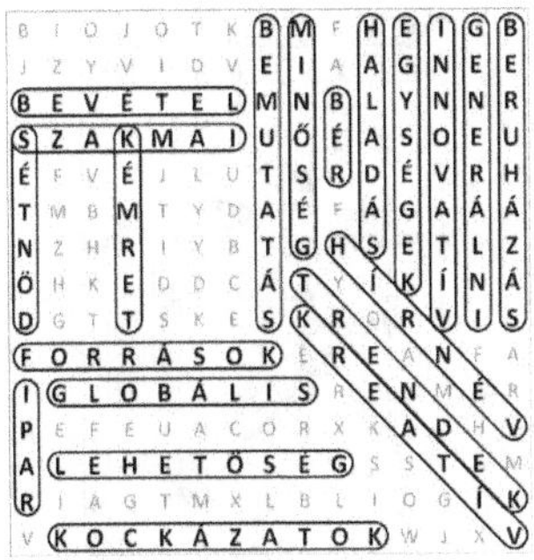

37 - Giardino

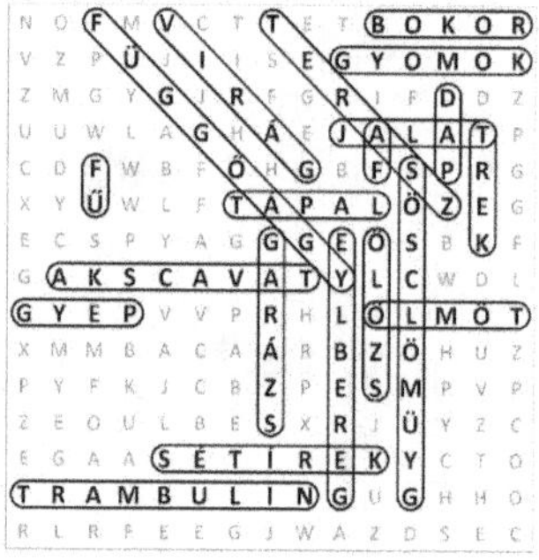

38 - Riscaldamento GI

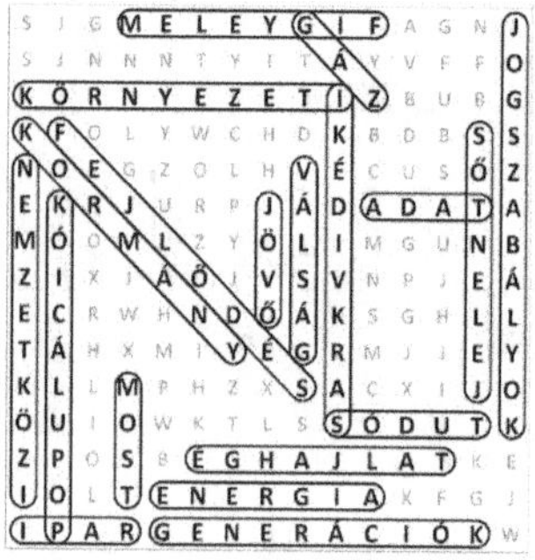

39 - Frutta

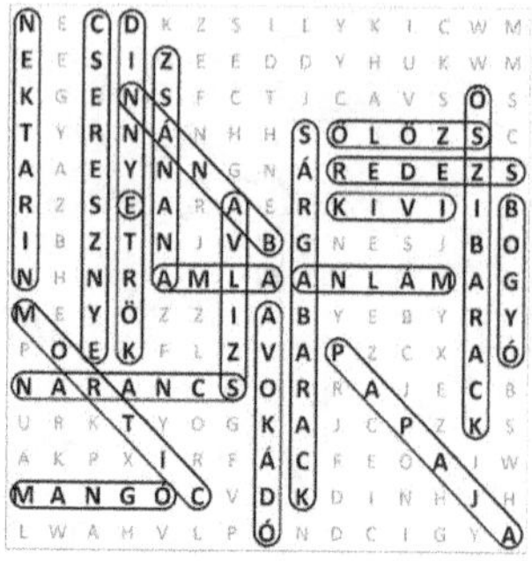

40 - Fattoria #2

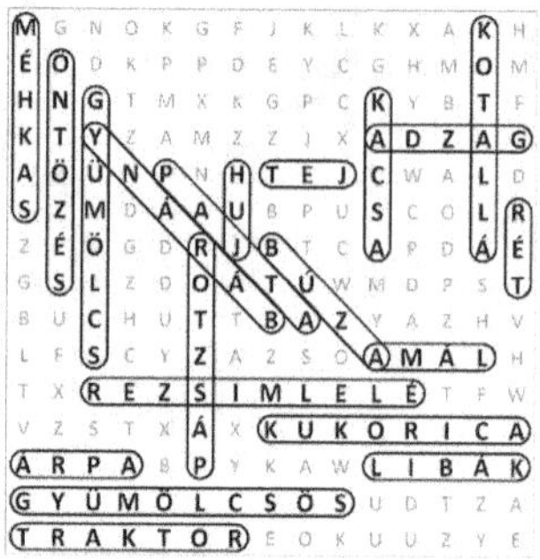

41 - Verdure

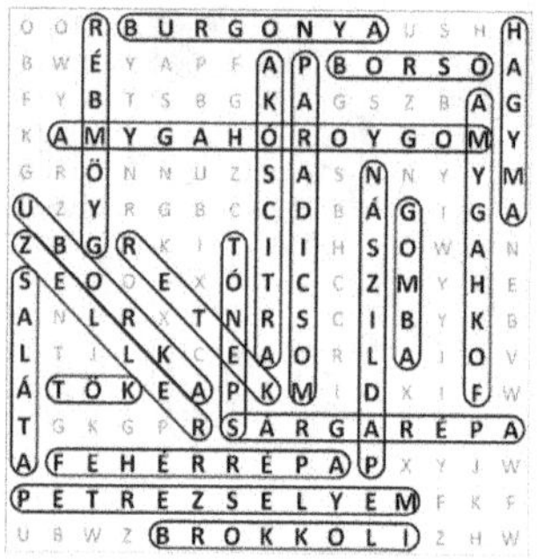

42 - Musica

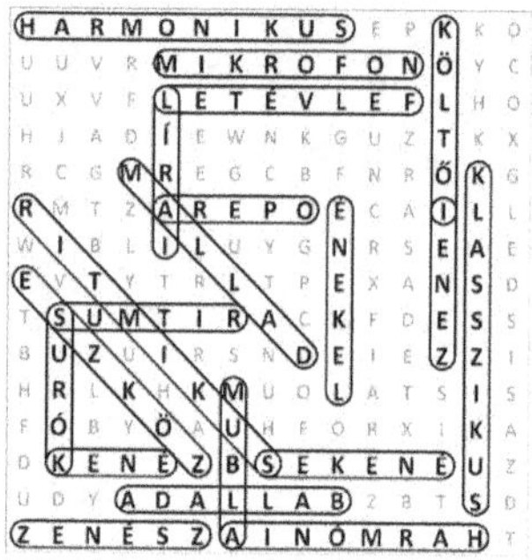

43 - Barbecue

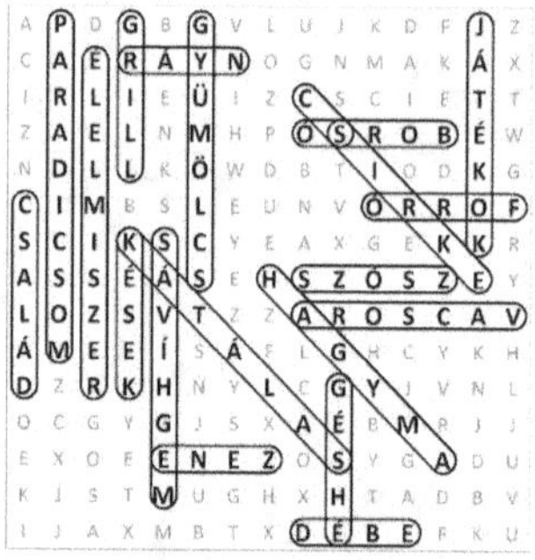

44 - Fisica

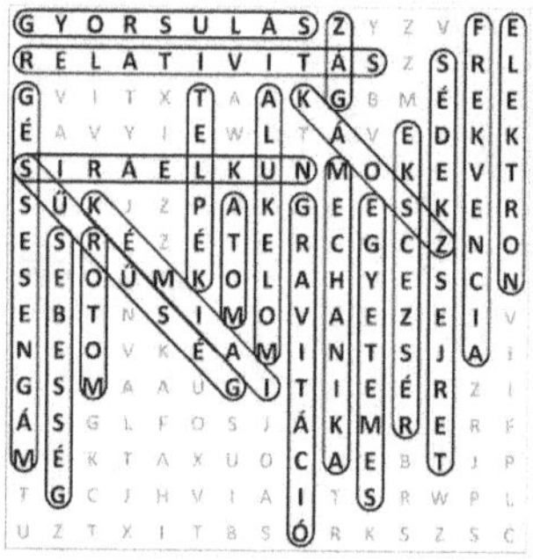

45 - Agronomia

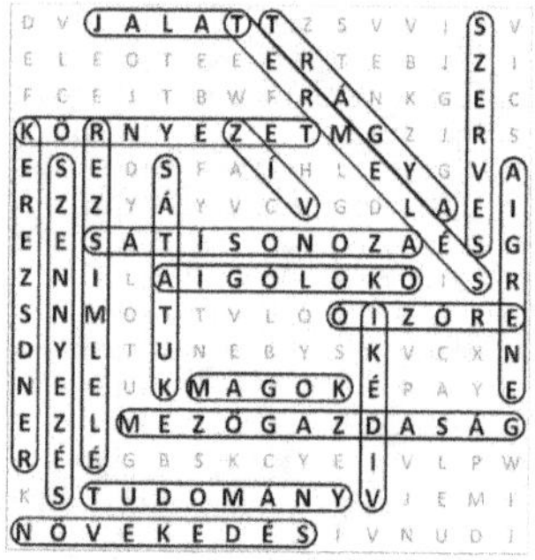

46 - Erboristeria

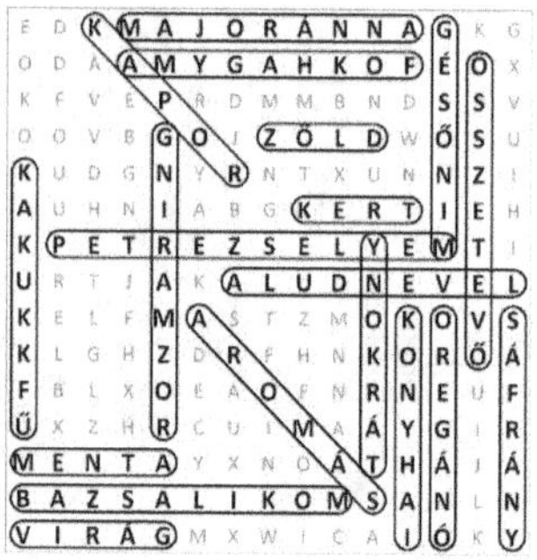

47 - Biologia

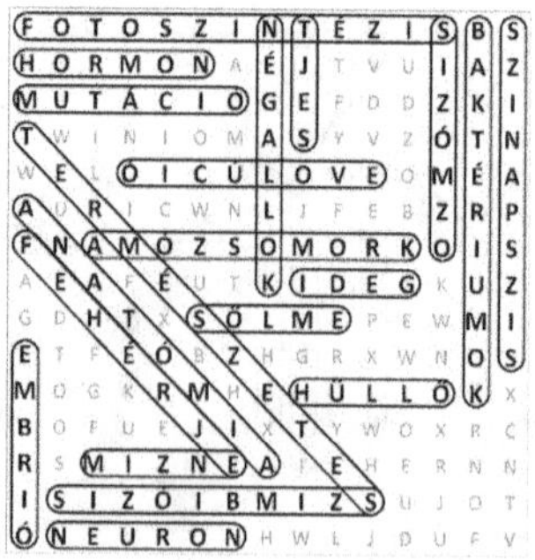

48 - Attività Commerciale

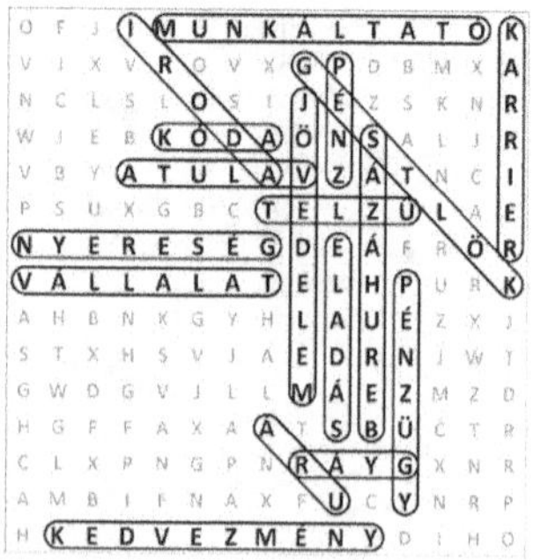

49 - Fiori

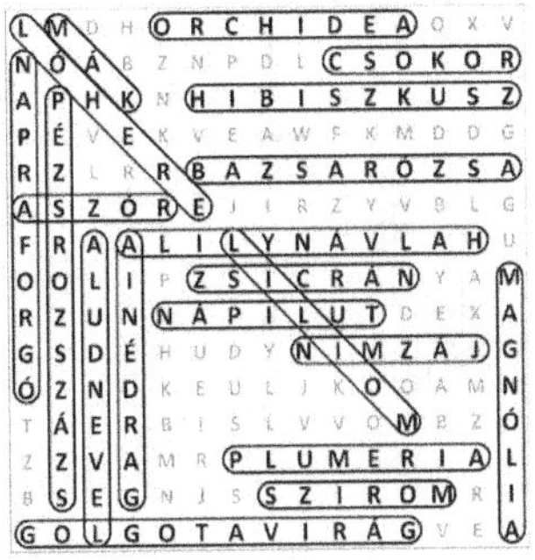

50 - Filantropia

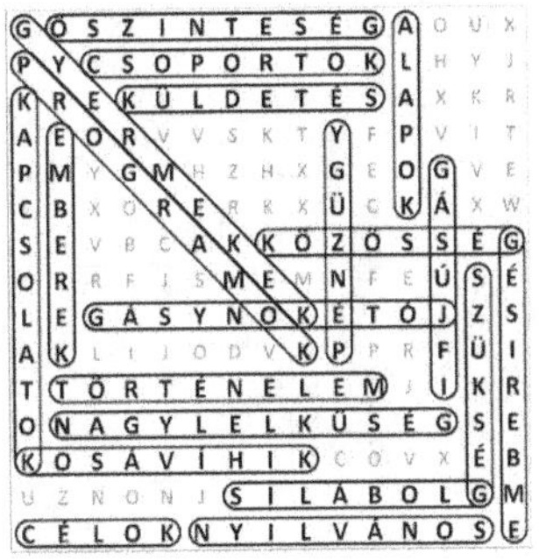

51 - Ecologia

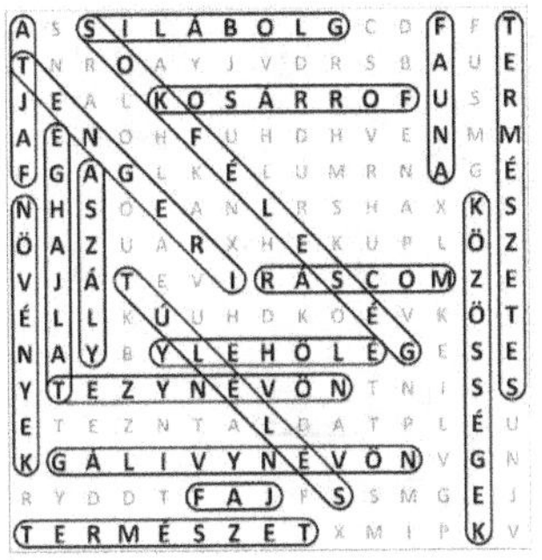

52 - Discipline Scientifiche

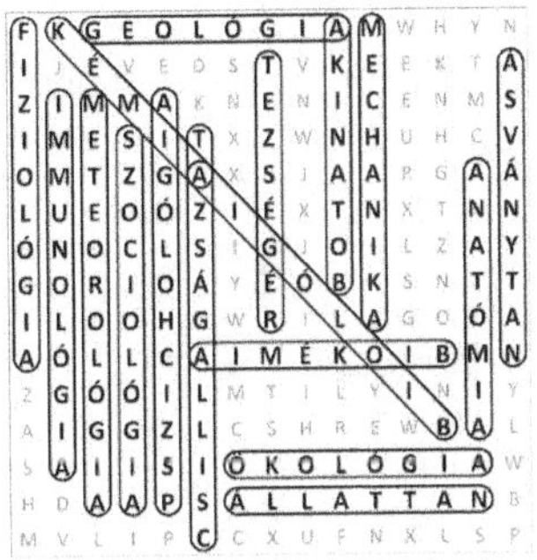

53 - Scienza

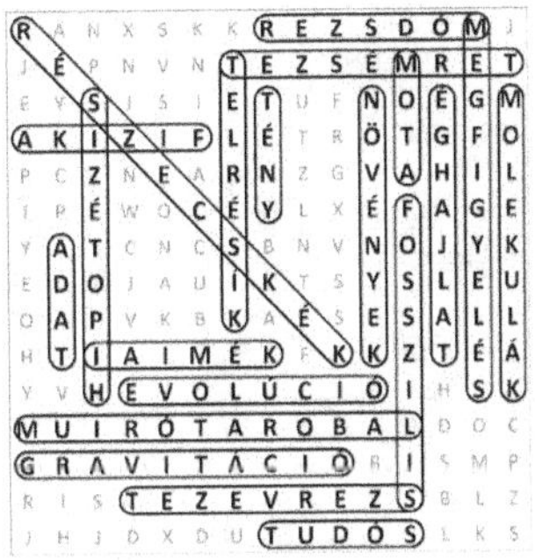

54 - Acqua

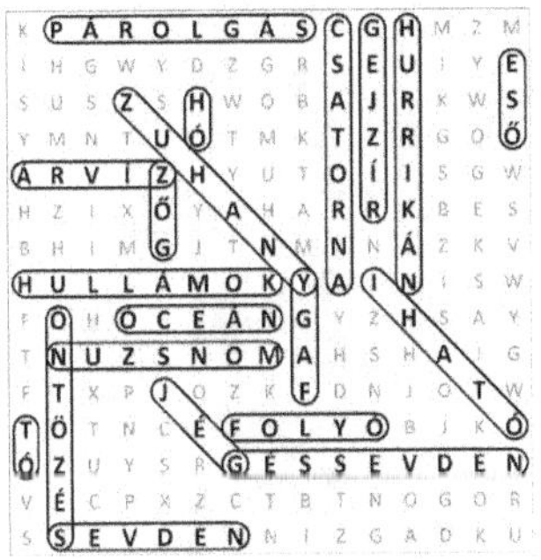

55 - Imbarcazioni

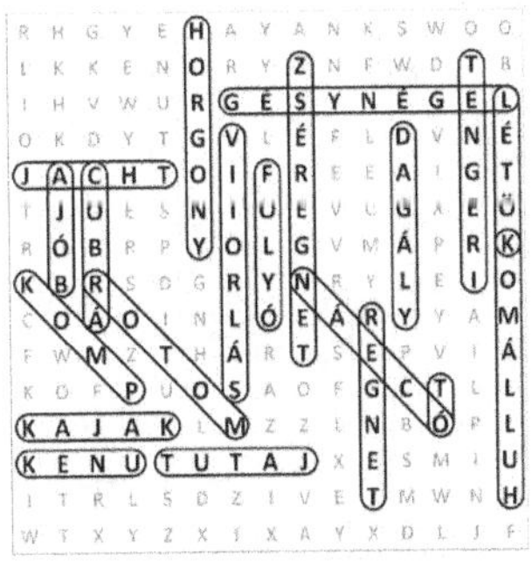

56 - Chimica

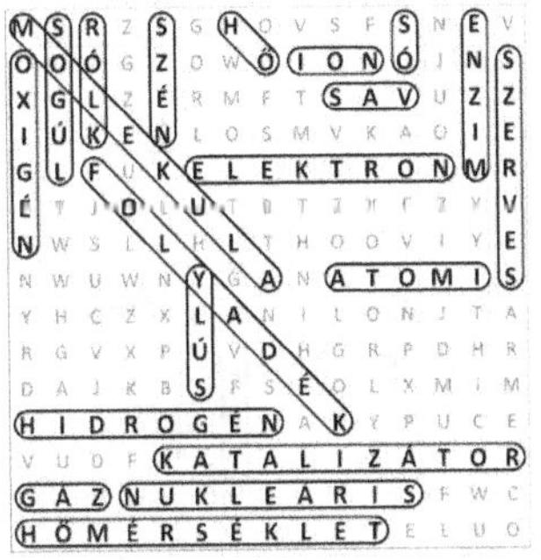

57 - Api

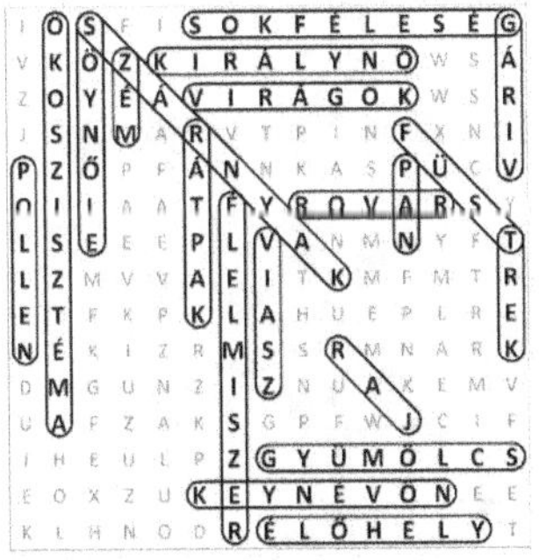

58 - Strumenti Musicali

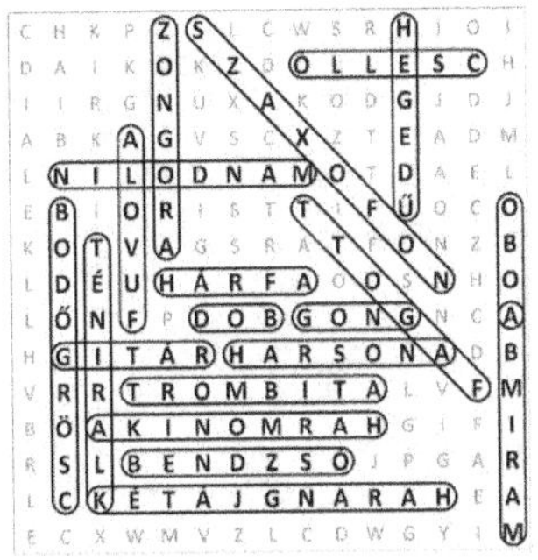

59 - Professioni #2

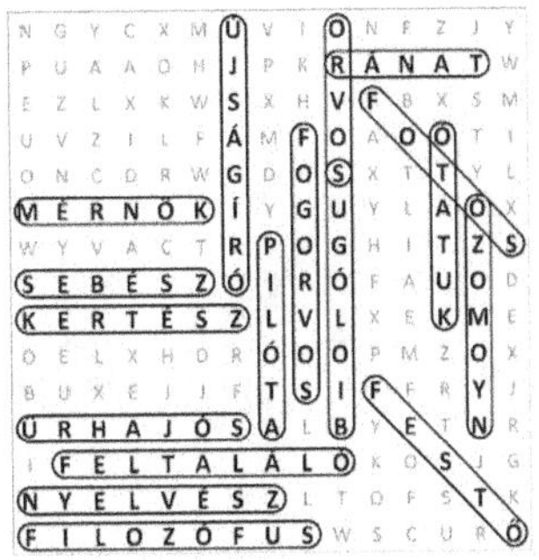

60 - Letteratura

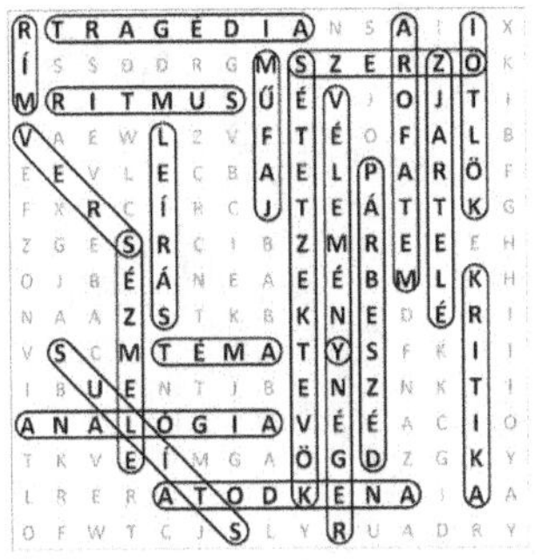

61 - Cibo #2

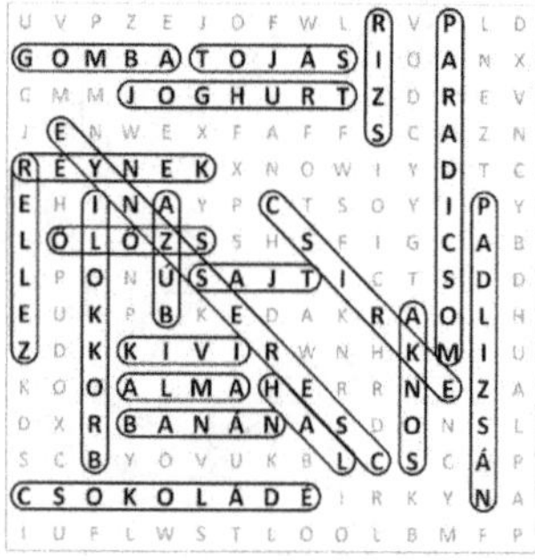

62 - Nutrizione

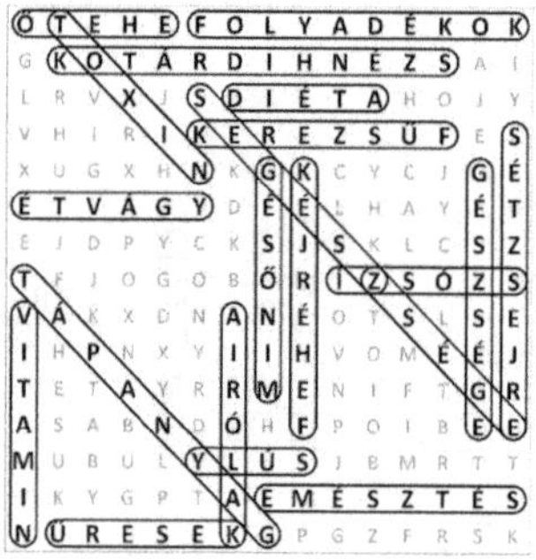

63 - Matematica

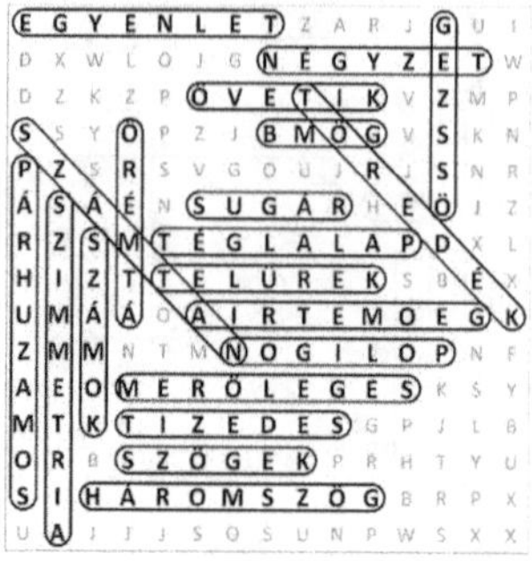

64 - Meditazione

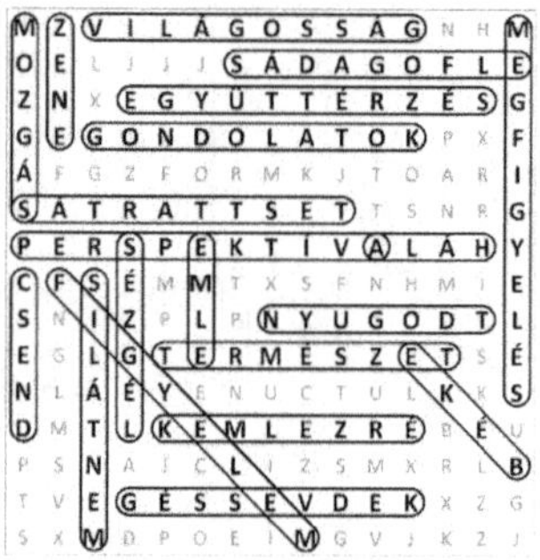

65 - Antiquariato

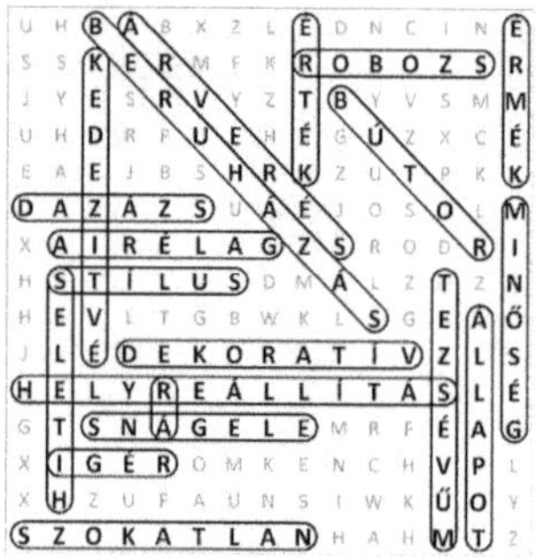

66 - Escursionismo

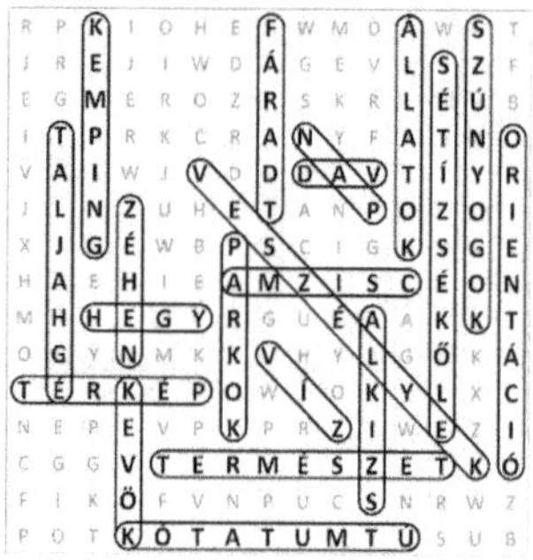

67 - Professioni #1

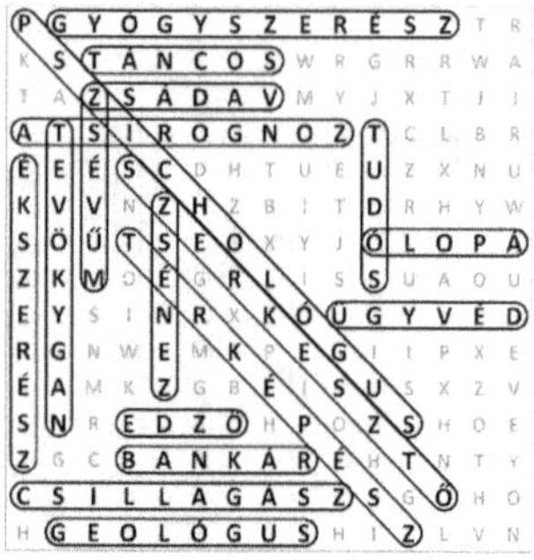

68 - Antartide

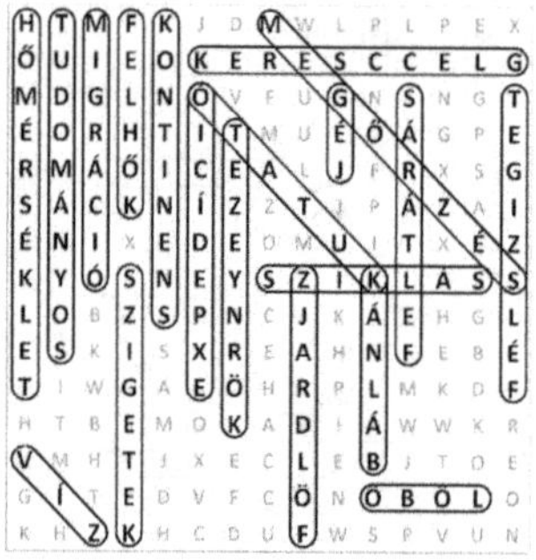

69 - Libri

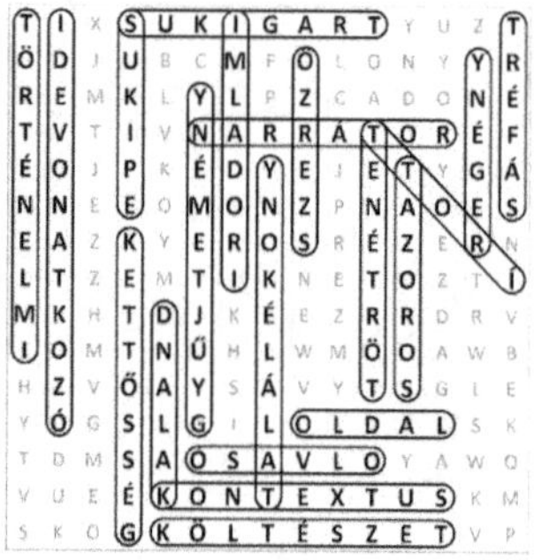

70 - Geografia

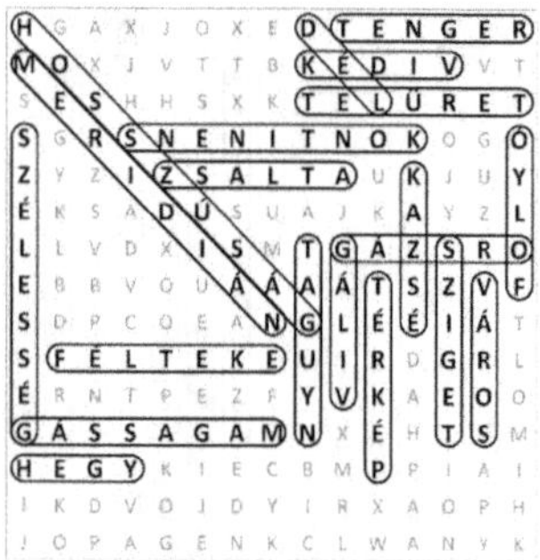

71 - Cibo #1

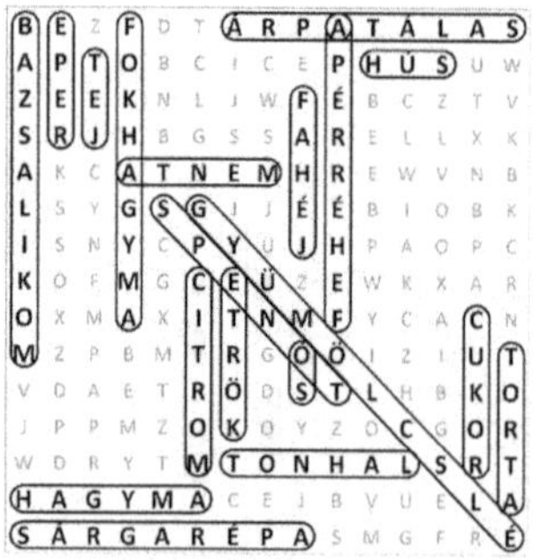

72 - Aeroplani

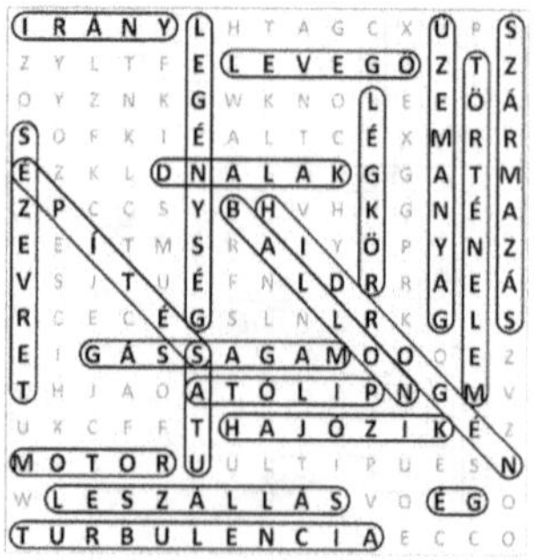

73 - Governo

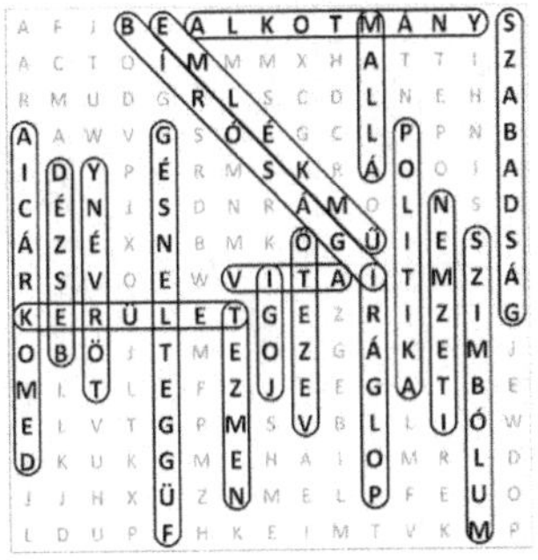

74 - Avventura

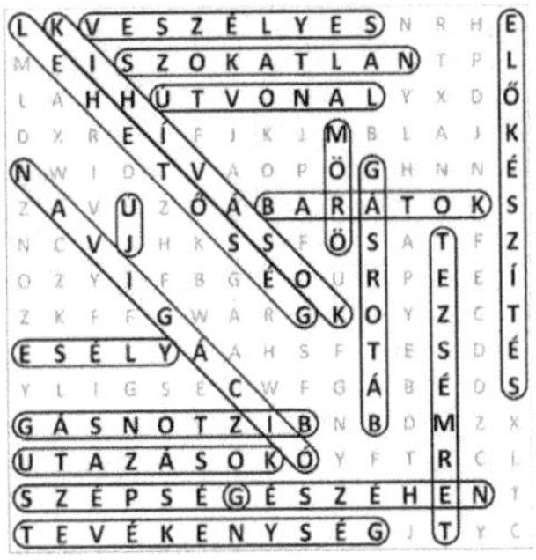

75 - Forme

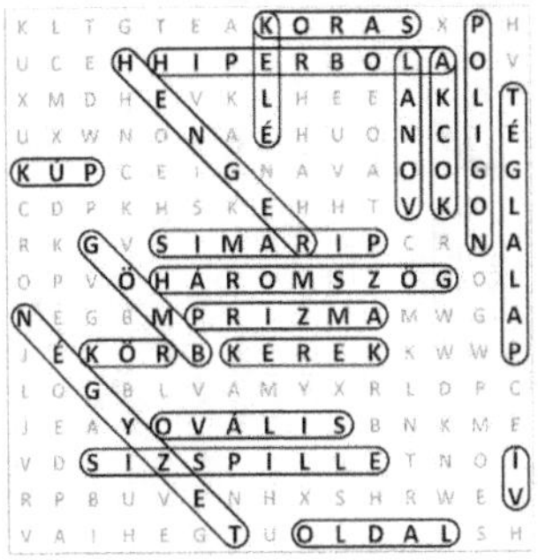

76 - Oceano

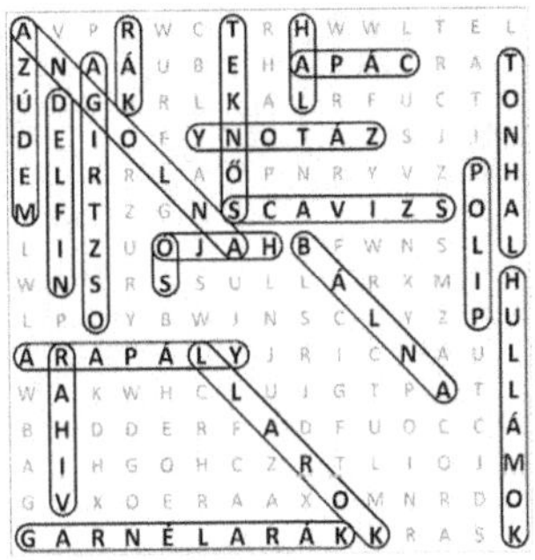

77 - Creatività

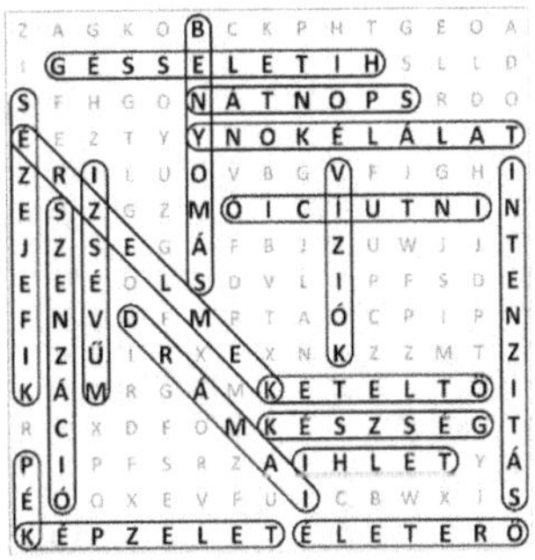

78 - Veicoli

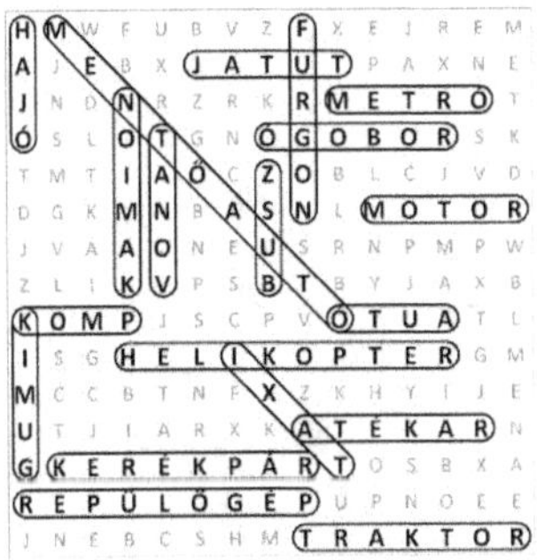

79 - Natura

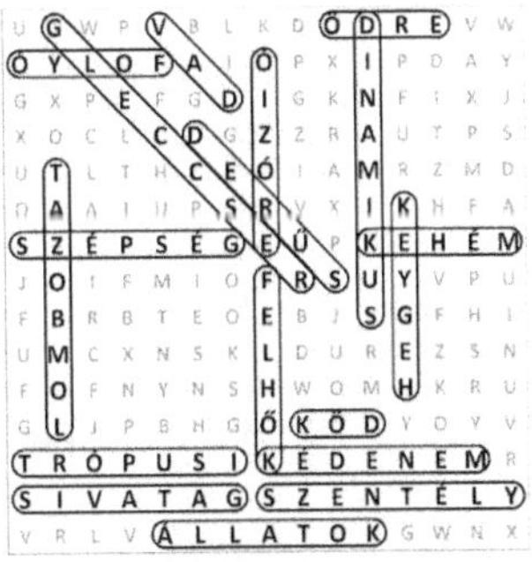

80 - Balletto

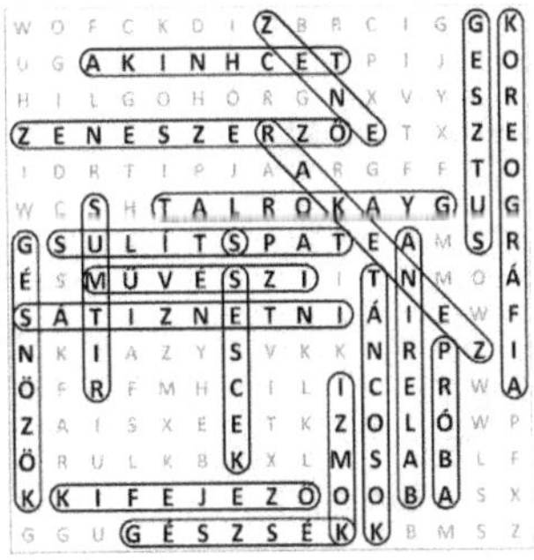

81 - Paesi #1

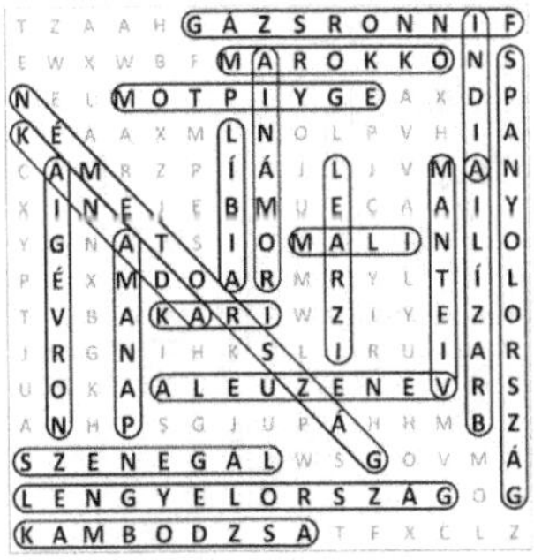

82 - Geometria

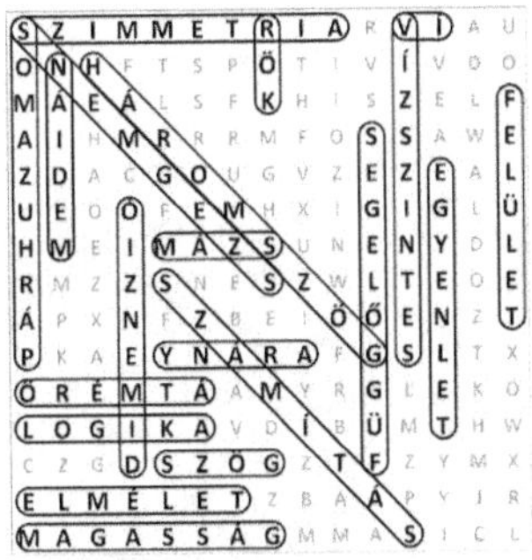

83 - Edifici

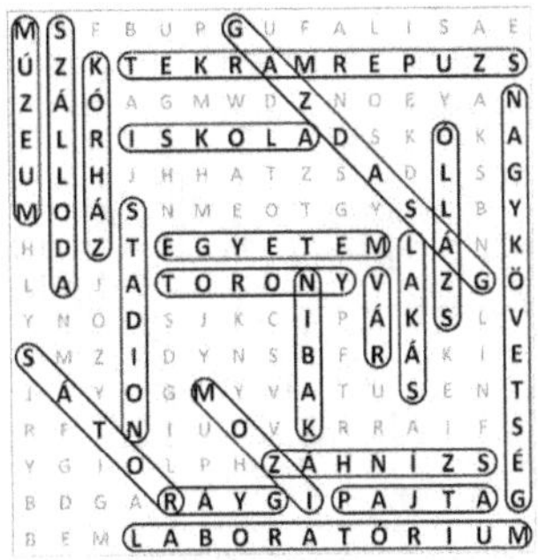

84 - Malattia

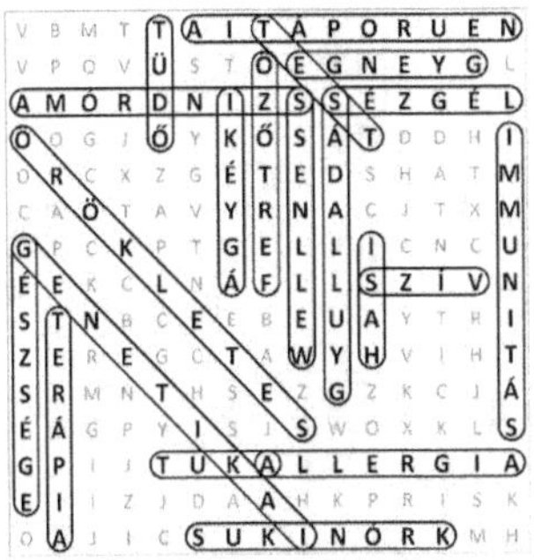

85 - Paesi #2

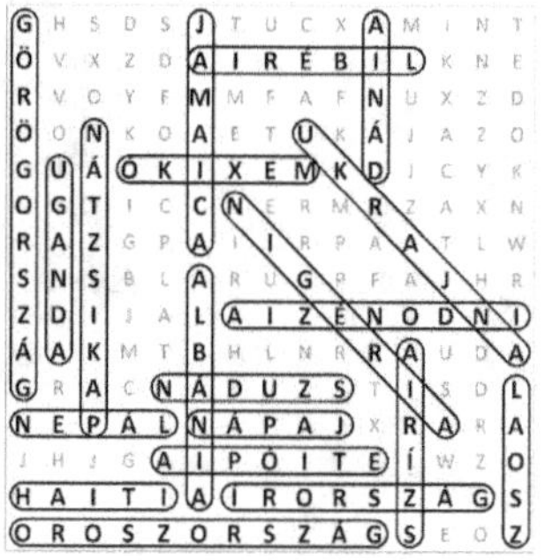

86 - Tipi di Capelli

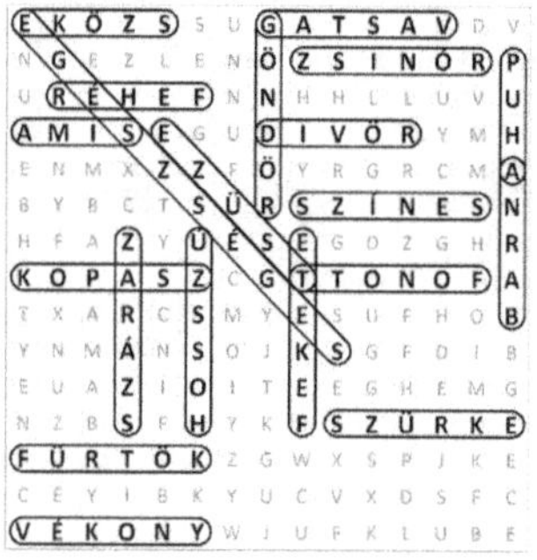

87 - Vestiti

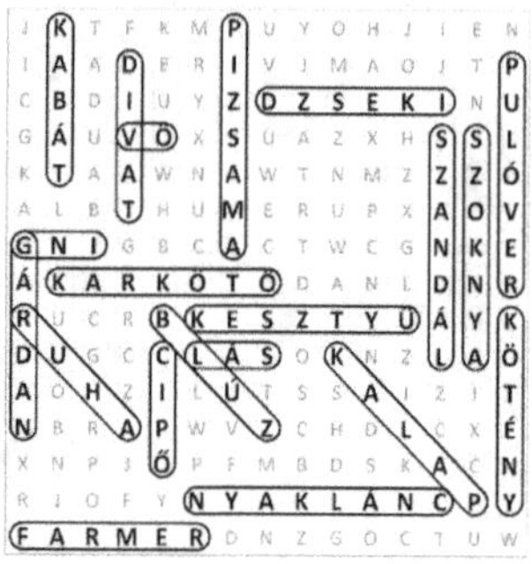

88 - Attività e Tempo Libero

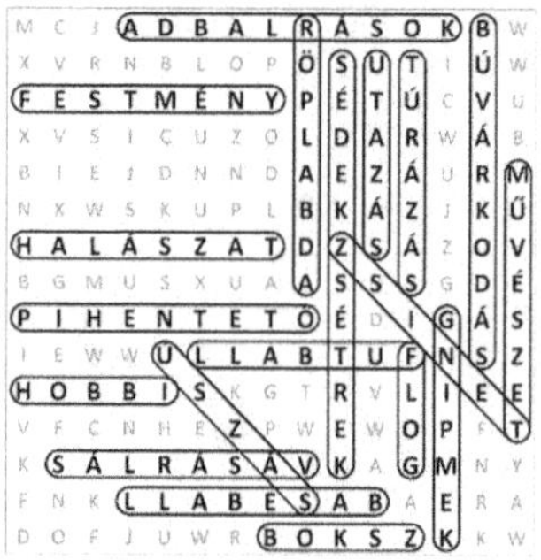

89 - Meteo

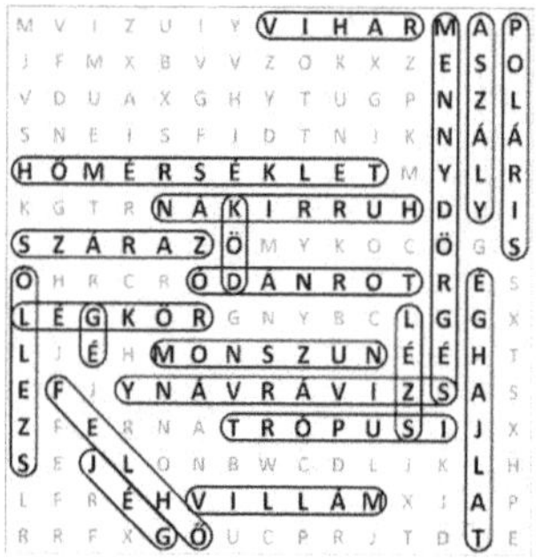

90 - Corpo Umano

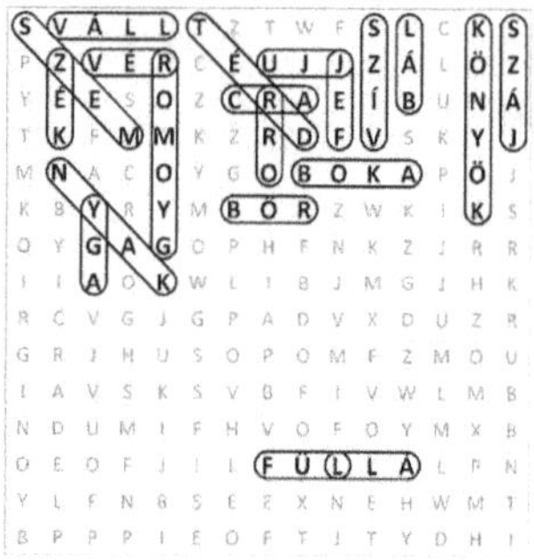

91 - Mammiferi

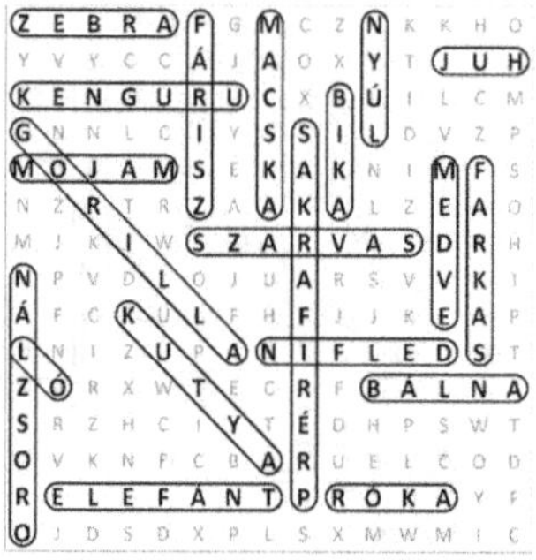

92 - Cucina

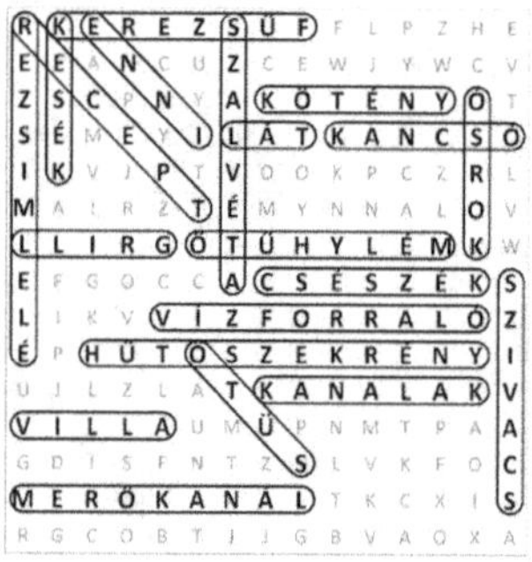

93 - Giardinaggio

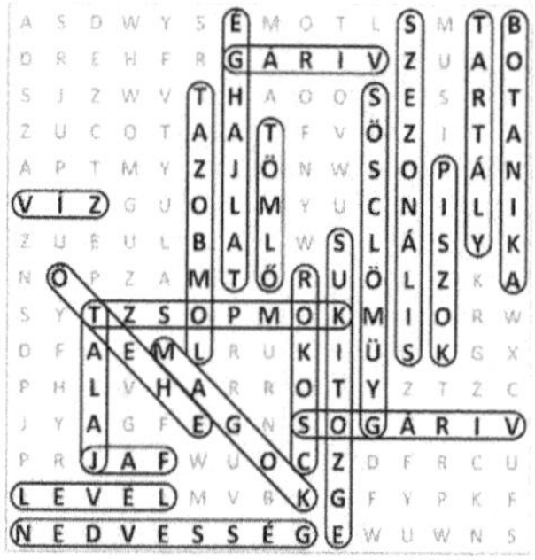

94 - Universo

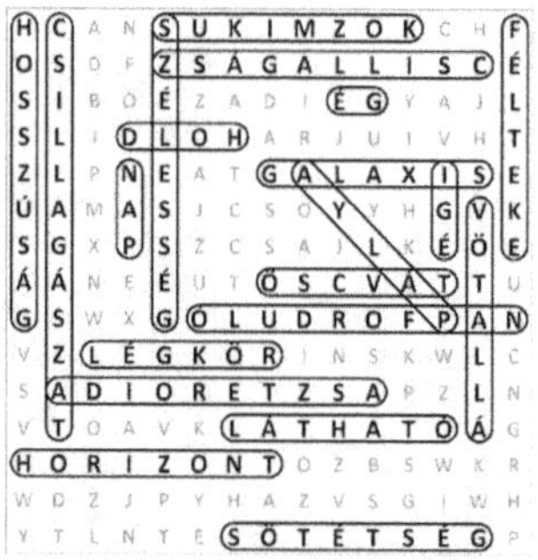

95 - Jazz

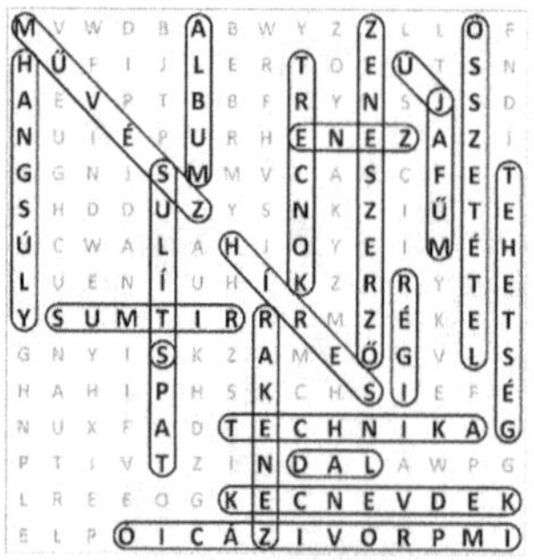

96 - Vacanze #2

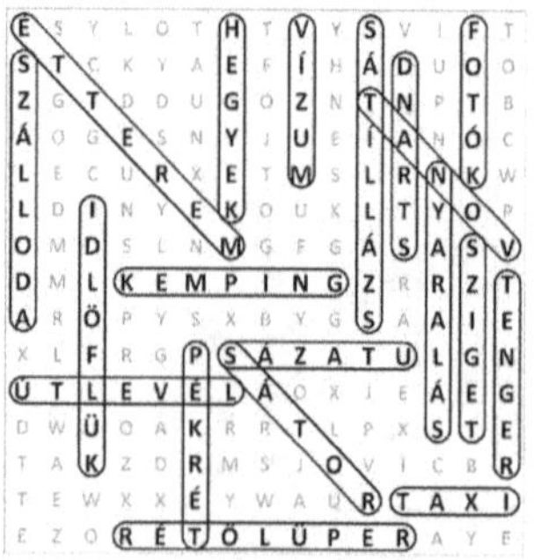

97 - Attività

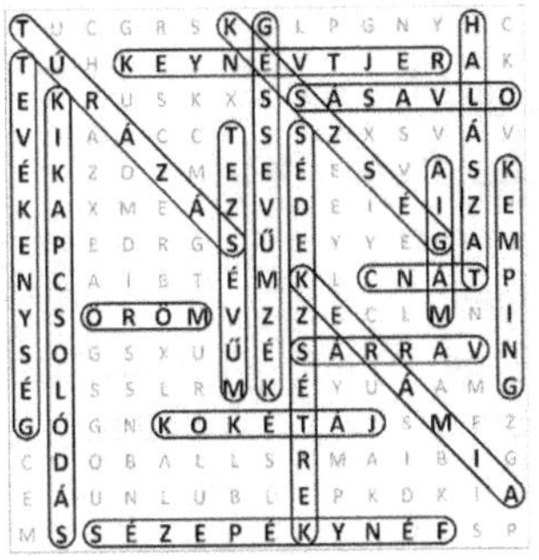

98 - Diplomazia

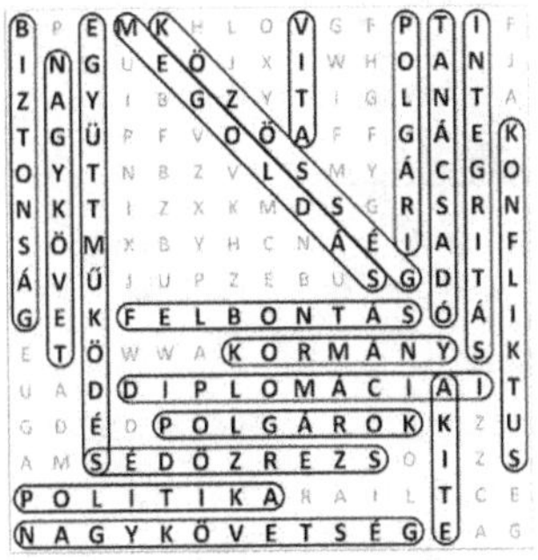

99 - Forniture Artistiche

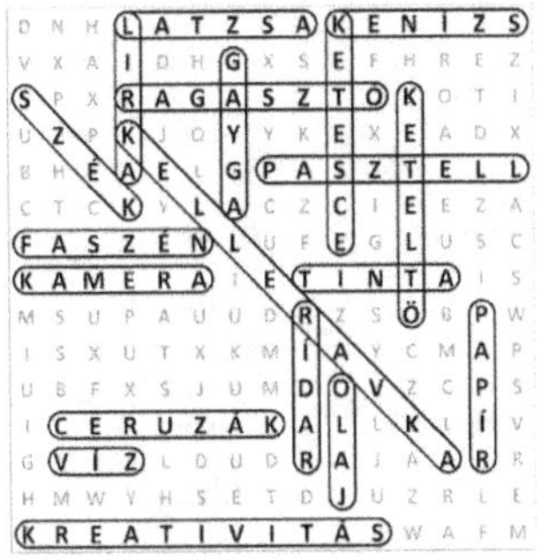

100 - Misurazioni

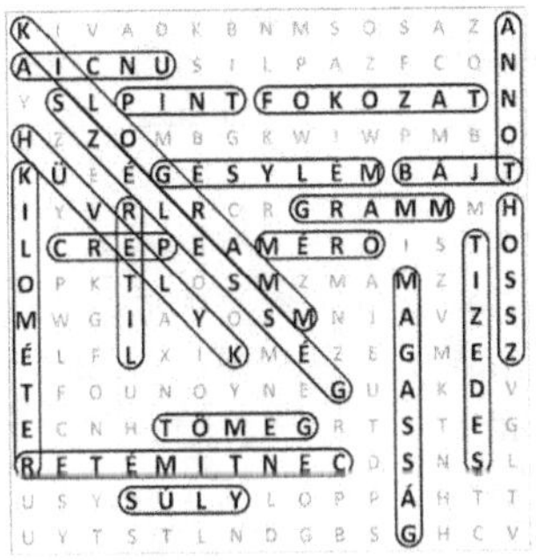

Dizionario

Acqua
Víz

Alluvione	Árvíz
Canale	Csatorna
Doccia	Zuhany
Evaporazione	Párolgás
Fiume	Folyó
Gelo	Fagy
Geyser	Gejzír
Ghiaccio	Jég
Irrigazione	Öntözés
Lago	Tó
Monsone	Monszun
Neve	Hó
Oceano	Óceán
Onde	Hullámok
Pioggia	Eső
Potabile	Iható
Umidità	Nedvesség
Umido	Nedves
Uragano	Hurrikán
Vapore	Gőz

Aeroplani
Repülőgépek

Altezza	Magasság
Aria	Levegő
Atmosfera	Légkör
Atterraggio	Leszállás
Avventura	Kaland
Carburante	Üzemanyag
Cielo	Ég
Costruzione	Építés
Design	Tervezés
Direzione	Irány
Discesa	Származás
Equipaggio	Legénység
Idrogeno	Hidrogén
Motore	Motor
Navigare	Hajózik
Palloncino	Ballon
Passeggero	Utas
Pilota	Pilóta
Storia	Történelem
Turbolenza	Turbulencia

Aggettivi #1
Melléknevek #1

Ambizioso	Ambiciózus
Aromatico	Aromás
Artistico	Művészi
Assoluto	Abszolút
Attivo	Aktív
Enorme	Óriási
Esotico	Egzotikus
Generoso	Nagylelkű
Giovane	Fiatal
Grande	Nagy
Identico	Azonos
Importante	Fontos
Lento	Lassú
Lungo	Hosszú
Moderno	Modern
Onesto	Őszinte
Perfetto	Tökéletes
Pesante	Nehéz
Prezioso	Értékes
Sottile	Vékony

Aggettivi #2
Melléknevek #2

Affamato	Éhes
Asciutto	Száraz
Autentico	Hiteles
Creativo	Kreatív
Descrittivo	Leíró
Dolce	Édes
Drammatico	Drámai
Elegante	Elegáns
Famoso	Híres
Forte	Erős
Interessante	Érdekes
Naturale	Természetes
Normale	Normál
Nuovo	Új
Orgoglioso	Büszke
Produttivo	Termelő
Puro	Tiszta
Responsabile	Felelős
Salato	Sós
Sano	Egészséges

Agronomia
Agronómia

Acqua	Víz
Agricoltura	Mezőgazdaság
Ambiente	Környezet
Cibo	Élelmiszer
Crescita	Növekedés
Ecologia	Ökológia
Energia	Energia
Erosione	Erózió
Fertilizzante	Trágya
Identificazione	Azonosítás
Inquinamento	Szennyezés
Malattie	Betegségek
Organico	Szerves
Produzione	Termelés
Ricerca	Kutatás
Rurale	Vidéki
Scienza	Tudomány
Semi	Magok
Sistemi	Rendszerek
Suolo	Talaj

Algebra
Algebra

Diagramma	Diagram
Equazione	Egyenlet
Esponente	Kitevő
Falso	Hamis
Fattore	Tényező
Formula	Képlet
Frazione	Töredék
Grafico	Grafikon
Infinito	Végtelen
Lineare	Lineáris
Matrice	Mátrix
Numero	Szám
Parentesi	Zárójel
Problema	Probléma
Semplificare	Egyszerűsítés
Soluzione	Megoldás
Somma	Összeg
Sottrazione	Kivonás
Variabile	Változó
Zero	Nulla

Antartide
Antarktisz

Acqua	Víz
Ambiente	Környezet
Baia	Öböl
Balene	Bálnák
Conservazione	Megőrzés
Continente	Kontinens
Esplorazione	Feltárás
Geografia	Földrajz
Ghiacciai	Gleccserek
Ghiaccio	Jég
Isole	Szigetek
Migrazione	Migráció
Nuvole	Felhők
Penisola	Félsziget
Ricercatore	Kutató
Roccioso	Sziklás
Scientifico	Tudományos
Spedizione	Expedíció
Temperatura	Hőmérséklet
Topografia	Topográfia

Antiquariato
Régiségek

Arte	Művészet
Asta	Árverés
Autentico	Hiteles
Condizione	Állapot
Decenni	Évtizedek
Decorativo	Dekoratív
Elegante	Elegáns
Galleria	Galéria
Insolito	Szokatlan
Investimento	Beruházás
Mobilio	Bútor
Monete	Érmék
Prezzo	Ár
Qualità	Minőség
Restauro	Helyreállítás
Scultura	Szobor
Secolo	Század
Stile	Stílus
Valore	Érték
Vecchio	Régi

Api
Méhek

Ali	Szárnyak
Alveare	Kaptár
Benefico	Előnyös
Cera	Viasz
Cibo	Élelmiszer
Diversità	Sokféleség
Ecosistema	Ökoszisztéma
Fiori	Virágok
Fiorire	Virág
Frutta	Gyümölcs
Fumo	Füst
Giardino	Kert
Habitat	Élőhely
Insetto	Rovar
Miele	Méz
Piante	Növények
Polline	Pollen
Regina	Királynő
Sciame	Raj
Sole	Nap

Archeologia
Régészet

Analisi	Elemzés
Antichità	Ókor
Antico	Ősi
Civiltà	Civilizáció
Dimenticato	Elfelejtett
Discendente	Leszármazott
Era	Korszak
Esperto	Szakértő
Fossile	Fosszilis
Mistero	Rejtély
Oggetti	Objektumok
Ossa	Csontok
Professore	Professzor
Reliquia	Ereklye
Ricercatore	Kutató
Sconosciuto	Ismeretlen
Squadra	Csapat
Tempio	Templom
Tomba	Sír
Valutazione	Értékelés

Arti Visive
Vizuális Művészetek

Architettura	Építészet
Argilla	Agyag
Artista	Művész
Capolavoro	Mestermű
Carbone	Faszén
Cavalletto	Festőállvány
Cera	Viasz
Ceramica	Kerámia
Composizione	Összetétel
Creatività	Kreativitás
Film	Film
Fotografia	Fénykép
Gesso	Kréta
Matita	Ceruza
Penna	Toll
Prospettiva	Perspektíva
Ritratto	Portré
Scultura	Szobor
Stampino	Stencil
Vernice	Lakk

Astronomia
Csillagászat

Asteroide	Aszteroida
Astronauta	Űrhajós
Astronomo	Csillagász
Celeste	Égi
Cielo	Ég
Cosmo	Kozmosz
Costellazione	Csillagkép
Galassia	Galaxis
Gravità	Gravitáció
Luna	Hold
Meteora	Meteor
Nebulosa	Ködfolt
Pianeta	Bolygó
Radiazione	Sugárzás
Razzo	Rakéta
Supernova	Szupernóva
Telescopio	Távcső
Terra	Föld
Universo	Univerzum
Zodiaco	Állatöv

Attività
Tevékenységek

Abilità	Készség
Arte	Művészet
Artigianato	Kézművesség
Attività	Tevékenység
Caccia	Vadászat
Campeggio	Kemping
Ceramica	Kerámia
Cucire	Varrás
Danza	Tánc
Escursioni	Túrázás
Fotografia	Fényképezés
Giardinaggio	Kertészkedés
Giochi	Játékok
Lettura	Olvasás
Magia	Mágia
Pesca	Halászat
Piacere	Öröm
Puzzle	Rejtvények
Rilassamento	Kikapcsolódás
Tempo Libero	Szabadidő

Attività Commerciale
Üzleti

Bilancio	Költségvetés
Carriera	Karrier
Costo	Költség
Datore di Lavoro	Munkáltató
Dipendente	Alkalmazott
Fabbrica	Gyár
Finanza	Pénzügy
Investimento	Beruházás
Merce	Áru
Negozio	Üzlet
Profitto	Nyereség
Reddito	Jövedelem
Sconto	Kedvezmény
Società	Vállalat
Soldi	Pénz
Tasse	Adók
Transazione	Tranzakció
Ufficio	Iroda
Valuta	Valuta
Vendita	Eladás

Attività e Tempo Libero
Tevékenységek és Szabadi

Arte	Művészet
Baseball	Baseball
Basket	Kosárlabda
Boxe	Boksz
Calcio	Futball
Campeggio	Kemping
Escursioni	Túrázás
Giardinaggio	Kertészkedés
Golf	Golf
Hobby	Hobbi
Immersione	Búvárkodás
Nuoto	Úszás
Pallavolo	Röplabda
Pesca	Halászat
Pittura	Festmény
Rilassante	Pihentető
Shopping	Vásárlás
Surf	Szörfözés
Tennis	Tenisz
Viaggio	Utazás

Avventura
Kaland

Amici	Barátok
Attività	Tevékenység
Bellezza	Szépség
Caso	Esély
Coraggio	Bátorság
Difficoltà	Nehézség
Entusiasmo	Lelkesedés
Escursione	Kirándulás
Gioia	Öröm
Insolito	Szokatlan
Itinerario	Útvonal
Natura	Természet
Navigazione	Navigáció
Nuovo	Új
Opportunità	Lehetőség
Pericoloso	Veszélyes
Preparazione	Előkészítés
Sfide	Kihívások
Sicurezza	Biztonság
Viaggi	Utazások

Balletto
Balett

Abilità	Készség
Applauso	Taps
Artistico	Művészi
Ballerina	Balerina
Ballerini	Táncosok
Compositore	Zeneszerző
Coreografia	Koreográfia
Espressivo	Kifejező
Gesto	Gesztus
Grazioso	Kecses
Intensità	Intenzitás
Muscoli	Izmok
Musica	Zene
Orchestra	Zenekar
Pratica	Gyakorlat
Prova	Próba
Pubblico	Közönség
Ritmo	Ritmus
Stile	Stílus
Tecnica	Technika

Barbecue
Grillezés

Caldo	Forró
Cena	Vacsora
Cibo	Élelmiszer
Cipolle	Hagyma
Coltelli	Kések
Estate	Nyár
Fame	Éhség
Famiglia	Család
Frutta	Gyümölcs
Giochi	Játékok
Griglia	Grill
Insalate	Saláták
Invito	Meghívás
Musica	Zene
Pepe	Bors
Pollo	Csirke
Pomodori	Paradicsom
Pranzo	Ebéd
Sale	Só
Salsa	Szósz

Biologia
Biológia

Anatomia	Anatómia
Batteri	Baktériumok
Cellula	Sejt
Collagene	Kollagén
Cromosoma	Kromoszóma
Embrione	Embrió
Enzima	Enzim
Evoluzione	Evolúció
Fotosintesi	Fotoszintézis
Mammifero	Emlős
Mutazione	Mutáció
Naturale	Természetes
Nervo	Ideg
Neurone	Neuron
Ormone	Hormon
Osmosi	Ozmózis
Proteina	Fehérje
Rettile	Hüllő
Simbiosi	Szimbiózis
Sinapsi	Szinapszis

Caffè
Kávé

Acido	Savas
Acqua	Víz
Amaro	Keserű
Aroma	Aroma
Arrostito	Pörkölt
Bevanda	Ital
Caffeina	Koffein
Crema	Krém
Filtro	Szűrő
Gusto	Íz
Latte	Tej
Liquido	Folyadék
Macinare	Darál
Mattina	Reggel
Nero	Fekete
Origine	Eredet
Prezzo	Ár
Tazza	Csésze
Varietà	Fajta
Zucchero	Cukor

Campeggio
Kemping

Alberi	Fák
Amaca	Függőágy
Animali	Állatok
Avventura	Kaland
Bussola	Iránytű
Cabina	Kabin
Caccia	Vadászat
Canoa	Kenu
Cappello	Kalap
Corda	Kötél
Divertimento	Móka
Foresta	Erdő
Fuoco	Tűz
Insetto	Rovar
Lago	Tó
Luna	Hold
Mappa	Térkép
Montagna	Hegy
Natura	Természet
Tenda	Sátor

Casa
Ház

Attico	Padlás
Biblioteca	Könyvtár
Camera	Szoba
Camino	Kandalló
Cucina	Konyha
Doccia	Zuhany
Finestra	Ablak
Garage	Garázs
Giardino	Kert
Lampada	Lámpa
Parete	Fal
Pavimento	Padló
Porta	Ajtó
Recinto	Kerítés
Rubinetto	Csap
Scopa	Seprű
Soffitto	Mennyezet
Specchio	Tükör
Tappeto	Szőnyeg
Tetto	Tető

Chimica
Kémia

Acido	Sav
Alcalino	Lúgos
Atomico	Atomi
Calore	Hő
Carbonio	Szén
Catalizzatore	Katalizátor
Cloro	Klór
Elettrone	Elektron
Enzima	Enzim
Gas	Gáz
Idrogeno	Hidrogén
Ione	Ion
Liquido	Folyadék
Molecola	Molekula
Nucleare	Nukleáris
Organico	Szerves
Ossigeno	Oxigén
Peso	Súly
Sale	Só
Temperatura	Hőmérséklet

Cibo #1
Élelmiszer #1

Aglio	Fokhagyma
Basilico	Bazsalikom
Cannella	Fahéj
Carne	Hús
Carota	Sárgarépa
Cipolla	Hagyma
Fragola	Eper
Insalata	Saláta
Latte	Tej
Limone	Citrom
Menta	Menta
Orzo	Árpa
Pera	Körte
Rapa	Fehérrépa
Sale	Só
Spinaci	Spenót
Succo	Gyümölcslé
Tonno	Tonhal
Torta	Torta
Zucchero	Cukor

Cibo #2
Élelmiszer # 2

Banana	Banán
Broccolo	Brokkoli
Ciliegia	Cseresznye
Cioccolato	Csokoládé
Formaggio	Sajt
Fungo	Gomba
Grano	Búza
Kiwi	Kivi
Mela	Alma
Melanzana	Padlizsán
Pane	Kenyér
Pesce	Hal
Pollo	Csirke
Pomodoro	Paradicsom
Prosciutto	Sonka
Riso	Rizs
Sedano	Zeller
Uovo	Tojás
Uva	Szőlő
Yogurt	Joghurt

Cioccolato
Csokoládé

Amaro	Keserű
Antiossidante	Antioxidáns
Aroma	Aroma
Brama	Sóvárgás
Cacao	Kakaó
Calorie	Kalória
Caramella	Cukorka
Caramello	Karamell
Delizioso	Finom
Dolce	Édes
Esotico	Egzotikus
Gusto	Íz
Ingrediente	Összetevő
Mangiare	Enni
Noce di Cocco	Kókuszdió
Polvere	Por
Preferito	Kedvenc
Qualità	Minőség
Ricetta	Recept
Zucchero	Cukor

Città
Város

Aeroporto	Repülőtér
Banca	Bank
Biblioteca	Könyvtár
Cinema	Mozi
Clinica	Klinika
Farmacia	Gyógyszertár
Fiorista	Virágárus
Galleria	Galéria
Hotel	Szálloda
Libreria	Könyvesbolt
Mercato	Piac
Museo	Múzeum
Negozio	Bolt
Panetteria	Pékség
Scuola	Iskola
Stadio	Stadion
Supermercato	Szupermarket
Teatro	Színház
Università	Egyetem
Zoo	Állatkert

Corpo Umano
Emberi Test

Bocca	Száj
Caviglia	Boka
Cervello	Agy
Collo	Nyak
Cuore	Szív
Dito	Ujj
Faccia	Arc
Gamba	Láb
Ginocchio	Térd
Gomito	Könyök
Mano	Kéz
Mento	Áll
Naso	Orr
Occhio	Szem
Orecchio	Fül
Pelle	Bőr
Sangue	Vér
Spalla	Váll
Stomaco	Gyomor
Testa	Fej

Creatività
Kreativitás

Abilità	Készség
Artistico	Művészi
Autenticità	Hitelesség
Chiarezza	Világosság
Drammatico	Drámai
Emozioni	Érzelmek
Espressione	Kifejezés
Fluidità	Folyékonyság
Idee	Ötletek
Immaginazione	Képzelet
Immagine	Kép
Impressione	Benyomás
Intensità	Intenzitás
Intuizione	Intuíció
Inventivo	Találékony
Ispirazione	Ihlet
Sensazione	Szenzáció
Spontaneo	Spontán
Visioni	Víziók
Vitalità	Életerő

Cucina
Konyha

Bollitore	Vízforraló
Brocca	Kancsó
Cibo	Élelmiszer
Ciotola	Tál
Coltelli	Kések
Congelatore	Mélyhűtő
Cucchiai	Kanalak
Forchette	Villa
Forno	Sütő
Frigorifero	Hűtőszekrény
Grembiule	Kötény
Griglia	Grill
Mangiare	Enni
Mestolo	Merőkanál
Ricetta	Recept
Spezie	Fűszerek
Spugna	Szivacs
Tazze	Csészék
Tovagliolo	Szalvéta
Vaso	Korsó

Diplomazia
Diplomácia

Ambasciata	Nagykövetség
Ambasciatore	Nagykövet
Cittadini	Polgárok
Civico	Polgári
Comunità	Közösség
Conflitto	Konfliktus
Consigliere	Tanácsadó
Cooperazione	Együttműködés
Diplomatico	Diplomáciai
Discussione	Vita
Etica	Etika
Giustizia	Igazságosság
Governo	Kormány
Integrità	Integritás
Politica	Politika
Risoluzione	Felbontás
Sicurezza	Biztonság
Soluzione	Megoldás
Trattato	Szerződés
Umanitario	Humanitárius

Discipline Scientifiche
Tudományos Tudományágak

Anatomia	Anatómia
Archeologia	Régészet
Astronomia	Csillagászat
Biochimica	Biokémia
Biologia	Biológia
Botanica	Botanika
Chimica	Kémia
Ecologia	Ökológia
Fisiologia	Fiziológia
Geologia	Geológia
Immunologia	Immunológia
Linguistica	Nyelvészet
Meccanica	Mechanika
Meteorologia	Meteorológia
Mineralogia	Ásványtan
Neurologia	Neurológia
Psicologia	Pszichológia
Sociologia	Szociológia
Termodinamica	Termodinamika
Zoologia	Állattan

Ecologia
Ökológia

Clima	Éghajlat
Comunità	Közösségek
Diversità	Sokféleség
Fauna	Fauna
Flora	Növényvilág
Globale	Globális
Habitat	Élőhely
Marino	Tengeri
Natura	Természet
Naturale	Természetes
Palude	Mocsár
Piante	Növények
Risorse	Források
Siccità	Aszály
Sopravvivenza	Túlélés
Sostenibile	Fenntartható
Specie	Faj
Varietà	Fajta
Vegetazione	Növényzet
Volontari	Önkéntesek

Edifici
Épületek

Ambasciata	Nagykövetség
Appartamento	Lakás
Cabina	Kabin
Castello	Vár
Cinema	Mozi
Fabbrica	Gyár
Fattoria	Gazdaság
Fienile	Pajta
Hotel	Szálloda
Laboratorio	Laboratórium
Museo	Múzeum
Ospedale	Kórház
Ostello	Szálló
Scuola	Iskola
Stadio	Stadion
Supermercato	Szupermarket
Teatro	Színház
Tenda	Sátor
Torre	Torony
Università	Egyetem

Energia
Energia

Ambiente	Környezet
Batteria	Akkumulátor
Benzina	Benzin
Calore	Hő
Carbonio	Szén
Carburante	Üzemanyag
Diesel	Dízel
Elettrico	Elektromos
Elettrone	Elektron
Entropia	Entrópia
Fotone	Foton
Idrogeno	Hidrogén
Industria	Ipar
Inquinamento	Szennyezés
Motore	Motor
Nucleare	Nukleáris
Rinnovabile	Megújuló
Turbina	Turbina
Vapore	Gőz
Vento	Szél

Erboristeria
Herbalism

Aglio	Fokhagyma
Aneto	Kapor
Aromatico	Aromás
Basilico	Bazsalikom
Culinario	Konyhai
Dragoncello	Tárkony
Finocchio	Édeskömény
Fiore	Virág
Giardino	Kert
Ingrediente	Összetevő
Lavanda	Levendula
Maggiorana	Majoránna
Menta	Menta
Origano	Oregánó
Prezzemolo	Petrezselyem
Qualità	Minőség
Rosmarino	Rozmaring
Timo	Kakukkfű
Verde	Zöld
Zafferano	Sáfrány

Escursionismo
Túrázás

Acqua	Víz
Animali	Állatok
Campeggio	Kemping
Clima	Éghajlat
Guide	Útmutatók
Mappa	Térkép
Montagna	Hegy
Natura	Természet
Orientamento	Orientáció
Parchi	Parkok
Pericoli	Veszélyek
Pesante	Nehéz
Pietre	Kövek
Preparazione	Előkészítés
Scogliera	Szikla
Selvaggio	Vad
Sole	Nap
Stanco	Fáradt
Stivali	Csizma
Zanzare	Szúnyogok

Fantascienza
Sci-Fi

Atomico	Atomi
Cinema	Mozi
Distopia	Dystopia
Esplosione	Robbanás
Estremo	Szélsőséges
Fantastico	Fantasztikus
Fuoco	Tűz
Futuristico	Futurisztikus
Galassia	Galaxis
Illusione	Illúzió
Immaginario	Képzeletbeli
Libri	Könyvek
Misterioso	Rejtélyes
Mondo	Világ
Oracolo	Jóslat
Pianeta	Bolygó
Realistico	Reális
Robot	Robotok
Tecnologia	Technológia
Utopia	Utópia

Fattoria #1
Gazdaság #1

Acqua	Víz
Agricoltura	Mezőgazdaság
Ape	Méh
Asino	Szamár
Campo	Mező
Cane	Kutya
Capra	Kecske
Cavallo	Ló
Fertilizzante	Trágya
Fieno	Széna
Gatto	Macska
Gregge	Nyáj
Maiale	Malac
Miele	Méz
Mucca	Tehén
Pollo	Csirke
Recinto	Kerítés
Riso	Rizs
Semi	Magok
Vitello	Borjú

Fattoria #2
2. Gazdaság

Agnello	Bárány
Agricoltore	Gazda
Alveare	Méhkas
Anatra	Kacsa
Animali	Állatok
Cibo	Élelmiszer
Fienile	Pajta
Frutta	Gyümölcs
Frutteto	Gyümölcsös
Grano	Búza
Irrigazione	Öntözés
Lama	Láma
Latte	Tej
Mais	Kukorica
Oche	Libák
Orzo	Árpa
Pastore	Pásztor
Pecora	Juh
Prato	Rét
Trattore	Traktor

Filantropia
Filantrópia

Bambini	Gyermekek
Bisogno	Szükség
Carità	Jótékonyság
Comunità	Közösség
Contatti	Kapcsolatok
Finanza	Pénzügy
Fondi	Alapok
Generosità	Nagylelkűség
Gioventù	Ifjúság
Globale	Globális
Gruppi	Csoportok
Missione	Küldetés
Obiettivi	Célok
Onestà	Őszinteség
Persone	Emberek
Programmi	Programok
Pubblico	Nyilvános
Sfide	Kihívások
Storia	Történelem
Umanità	Emberiség

Fiori
Virágok

Gardenia	Gardénia
Gelsomino	Jázmin
Giglio	Liliom
Girasole	Napraforgó
Ibisco	Hibiszkusz
Lavanda	Levendula
Lilla	Halványlila
Magnolia	Magnólia
Margherita	Százszorszép
Mazzo	Csokor
Narciso	Nárcisz
Orchidea	Orchidea
Papavero	Mák
Passiflora	Golgotavirág
Peonia	Bazsarózsa
Petalo	Szirom
Plumeria	Plumeria
Rosa	Rózsa
Trifoglio	Lóhere
Tulipano	Tulipán

Fisica
Fizika

Accelerazione	Gyorsulás
Atomo	Atom
Caos	Káosz
Chimico	Kémiai
Densità	Sűrűség
Elettrone	Elektron
Espansione	Terjeszkedés
Formula	Képlet
Frequenza	Frekvencia
Gas	Gáz
Gravità	Gravitáció
Magnetismo	Mágnesesség
Meccanica	Mechanika
Molecola	Molekula
Motore	Motor
Nucleare	Nukleáris
Particella	Részecske
Relatività	Relativitás
Universale	Egyetemes
Velocità	Sebesség

Forme
Alakzatok

Angolo	Sarok
Arco	Ív
Bordi	Élek
Cerchio	Kör
Cilindro	Henger
Cono	Kúp
Cubo	Kocka
Ellisse	Ellipszis
Iperbole	Hiperbola
Lato	Oldal
Linea	Vonal
Ovale	Ovális
Piramide	Piramis
Poligono	Poligon
Prisma	Prizma
Quadrato	Négyzet
Rettangolo	Téglalap
Rotondo	Kerek
Sfera	Gömb
Triangolo	Háromszög

Forniture Artistiche
Művészeti Kellékek

Acqua	Víz
Acquerelli	Akvarellek
Acrilico	Akril
Argilla	Agyag
Carbone	Faszén
Carta	Papír
Cavalletto	Festőállvány
Colla	Ragasztó
Colori	Színek
Creatività	Kreativitás
Gomma	Radír
Idee	Ötletek
Inchiostro	Tinta
Matite	Ceruzák
Olio	Olaj
Pastelli	Pasztell
Sedia	Szék
Spazzole	Ecsetek
Tavolo	Asztal
Telecamera	Kamera

Forza e Gravità
Erő és Gravitáció

Asse	Tengely
Attrito	Súrlódás
Centro	Központ
Dinamico	Dinamikus
Distanza	Távolság
Espansione	Terjeszkedés
Fisica	Fizika
Impatto	Hatás
Magnetismo	Mágnesesség
Meccanica	Mechanika
Movimento	Mozgás
Orbita	Pálya
Peso	Súly
Pianeti	Bolygók
Pressione	Nyomás
Proprietà	Tulajdonságok
Scoperta	Felfedezés
Tempo	Idő
Universale	Egyetemes
Velocità	Sebesség

Frutta
Gyümölcs

Albicocca	Sárgabarack
Ananas	Ananász
Arancia	Narancs
Avocado	Avokádó
Bacca	Bogyó
Banana	Banán
Ciliegia	Cseresznye
Kiwi	Kivi
Lampone	Málna
Limone	Citrom
Mango	Mangó
Mela	Alma
Melone	Dinnye
Mora	Szeder
Nettarina	Nektarin
Papaia	Papaja
Pera	Körte
Pesca	Őszibarack
Prugna	Szilva
Uva	Szőlő

Geografia
Földrajz

Altitudine	Magasság
Atlante	Atlasz
Città	Város
Continente	Kontinens
Emisfero	Félteke
Fiume	Folyó
Isola	Sziget
Latitudine	Szélesség
Longitudine	Hosszúság
Mappa	Térkép
Mare	Tenger
Meridiano	Meridián
Mondo	Világ
Montagna	Hegy
Nord	Észak
Ovest	Nyugat
Paese	Ország
Regione	Vidék
Sud	Dél
Territorio	Terület

Geologia
Geológia

Acido	Sav
Altopiano	Fennsík
Calcio	Kalcium
Caverna	Barlang
Continente	Kontinens
Corallo	Korall
Cristalli	Kristályok
Erosione	Erózió
Fossile	Fosszilis
Geyser	Gejzír
Lava	Láva
Pietra	Kő
Quarzo	Kvarc
Sale	Só
Stalagmiti	Sztalagmitok
Stalattite	Cseppkő
Strato	Réteg
Terremoto	Földrengés
Vulcano	Vulkán
Zona	Zóna

Geometria
Geometria

Altezza	Magasság
Angolo	Szög
Calcolo	Számítás
Cerchio	Kör
Curva	Ív
Diametro	Átmérő
Dimensione	Dimenzió
Equazione	Egyenlet
Logica	Logika
Mediano	Medián
Numero	Szám
Orizzontale	Vízszintes
Parallelo	Párhuzamos
Proporzione	Arány
Segmento	Szegmens
Simmetria	Szimmetria
Superficie	Felület
Teoria	Elmélet
Triangolo	Háromszög
Verticale	Függőleges

Giardinaggio
Kertészkedés

Acqua	Víz
Botanico	Botanika
Clima	Éghajlat
Commestibile	Ehető
Compost	Komposzt
Contenitore	Tartály
Esotico	Egzotikus
Fiorire	Virág
Floreale	Virágos
Foglia	Levél
Fogliame	Lombozat
Frutteto	Gyümölcsös
Mazzo	Csokor
Semi	Magok
Specie	Faj
Sporco	Piszok
Stagionale	Szezonális
Suolo	Talaj
Tubo	Tömlő
Umidità	Nedvesség

Giardino
Kert

Albero	Fa
Amaca	Függőágy
Cespuglio	Bokor
Erba	Fű
Erbacce	Gyomok
Fiore	Virág
Frutteto	Gyümölcsös
Garage	Garázs
Giardino	Kert
Pala	Lapát
Panca	Pad
Prato	Gyep
Rastrello	Gereblye
Recinto	Kerítés
Stagno	Tavacska
Suolo	Talaj
Terrazza	Terasz
Trampolino	Trambulin
Tubo	Tömlő
Vite	Szőlő

Giorni e Mesi
Napok és Hónapok

Agosto	Augusztus
Anno	Év
Aprile	Április
Calendario	Naptár
Dicembre	December
Domenica	Vasárnap
Febbraio	Február
Gennaio	Január
Giugno	Június
Luglio	Július
Lunedì	Hétfő
Martedì	Kedd
Mercoledì	Szerda
Mese	Hónap
Novembre	November
Ottobre	Október
Sabato	Szombat
Settembre	Szeptember
Settimana	Hét
Venerdì	Péntek

Governo
Kormányzat

Capo	Vezető
Civile	Polgári
Costituzione	Alkotmány
Democrazia	Demokrácia
Discorso	Beszéd
Discussione	Vita
Giudiziario	Bírósági
Giustizia	Igazságosság
Indipendenza	Függetlenség
Legale	Jogi
Legge	Törvény
Libertà	Szabadság
Monumento	Emlékmű
Nazionale	Nemzeti
Nazione	Nemzet
Politica	Politika
Quartiere	Kerület
Simbolo	Szimbólum
Stato	Állam
Uguaglianza	Egyenlőség

Guida
Vezetés

Auto	Autó
Autobus	Busz
Carburante	Üzemanyag
Freni	Fékek
Garage	Garázs
Gas	Gáz
Incidente	Baleset
Licenza	Engedély
Mappa	Térkép
Moto	Motorkerékpár
Motore	Motor
Pedonale	Gyalogos
Pericolo	Veszély
Polizia	Rendőrség
Sicurezza	Biztonság
Strada	Út
Traffico	Forgalom
Trasporto	Szállítás
Tunnel	Alagút
Velocità	Sebesség

I Media
A Média

Commerciale	Kereskedelmi
Comunicazione	Kommunikáció
Digitale	Digitális
Edizione	Kiadás
Educazione	Oktatás
Fatti	Tények
Finanziamento	Finanszírozás
Foto	Fotók
Giornali	Újságok
Individuale	Egyéni
Industria	Ipar
Intellettuale	Szellemi
Locale	Helyi
Online	Online
Opinione	Vélemény
Pubblicità	Hirdetések
Pubblico	Nyilvános
Radio	Rádió
Rete	Hálózat
Televisione	Televízió

Imbarcazioni
Csónakok

Albero	Árboc
Ancora	Horgony
Barca a Vela	Vitorlás
Boa	Bója
Canoa	Kenu
Corda	Kötél
Equipaggio	Legénység
Fiume	Folyó
Kayak	Kajak
Lago	Tó
Mare	Tenger
Marea	Dagály
Marinaio	Tengerész
Motore	Motor
Nautico	Tengeri
Oceano	Óceán
Onde	Hullámok
Traghetto	Komp
Yacht	Jacht
Zattera	Tutaj

Ingegneria
Műszaki

Angolo	Szög
Asse	Tengely
Calcolo	Számítás
Costruzione	Építés
Diagramma	Diagram
Diametro	Átmérő
Diesel	Dízel
Distribuzione	Eloszlás
Energia	Energia
Forza	Erő
Ingranaggi	Fogaskerekek
Liquido	Folyadék
Macchina	Gép
Misurazione	Mérés
Motore	Motor
Profondità	Mélység
Propulsione	Meghajtás
Rotazione	Forgás
Stabilità	Stabilitás
Struttura	Szerkezet

Jazz
Dzsessz

Album	Album
Applauso	Taps
Artista	Művész
Canzone	Dal
Compositore	Zeneszerző
Composizione	Összetétel
Concerto	Koncert
Enfasi	Hangsúly
Famoso	Híres
Genere	Műfaj
Improvvisazione	Improvizáció
Musica	Zene
Nuovo	Új
Orchestra	Zenekar
Preferiti	Kedvencek
Ritmo	Ritmus
Stile	Stílus
Talento	Tehetség
Tecnica	Technika
Vecchio	Régi

L'Azienda
A Cég

Creativo	Kreatív
Decisione	Döntés
Generare	Generálni
Globale	Globális
Industria	Ipar
Innovativo	Innovatív
Investimento	Beruházás
Possibilità	Lehetőség
Presentazione	Bemutatás
Prodotto	Termék
Professionale	Szakmai
Progresso	Haladás
Qualità	Minőség
Reddito	Bevétel
Reputazione	Hírnév
Rischi	Kockázatok
Risorse	Források
Salari	Bér
Tendenze	Trendek
Unità	Egységek

Letteratura
Irodalom

Analisi	Elemzés
Analogia	Analógia
Aneddoto	Anekdota
Autore	Szerző
Biografia	Életrajz
Conclusione	Következtetés
Critica	Kritika
Descrizione	Leírás
Dialogo	Párbeszéd
Genere	Műfaj
Metafora	Metafora
Opinione	Vélemény
Poesia	Vers
Poetico	Költői
Rima	Rím
Ritmo	Ritmus
Romanzo	Regény
Stile	Stílus
Tema	Téma
Tragedia	Tragédia

Libri
Könyvek

Autore	Szerző
Avventura	Kaland
Collezione	Gyűjtemény
Contesto	Kontextus
Dualità	Kettősség
Epico	Epikus
Inventivo	Találékony
Letterario	Irodalmi
Lettore	Olvasó
Narratore	Narrátor
Pagina	Oldal
Poesia	Költészet
Rilevante	Ide Vonatkozó
Romanzo	Regény
Scritto	Írott
Serie	Sorozat
Storia	Történet
Storico	Történelmi
Tragico	Tragikus
Umoristico	Tréfás

Malattia
Betegség

Acuto	Akut
Addominale	Hasi
Allergie	Allergia
Benessere	Wellness
Contagioso	Fertőző
Corpo	Test
Cronico	Krónikus
Cuore	Szív
Debole	Gyenge
Ereditario	Örökletes
Genetico	Genetikai
Immunità	Immunitás
Infiammazione	Gyulladás
Lombare	Ágyéki
Neuropatia	Neuropátia
Polmonare	Tüdő
Respiratorio	Légzés
Salute	Egészség
Sindrome	Szindróma
Terapia	Terápia

Mammiferi
Emlősök

Balena	Bálna
Cane	Kutya
Canguro	Kenguru
Cavallo	Ló
Cervo	Szarvas
Coniglio	Nyúl
Coyote	Prérifarkas
Delfino	Delfin
Elefante	Elefánt
Gatto	Macska
Giraffa	Zsiráf
Gorilla	Gorilla
Leone	Oroszlán
Lupo	Farkas
Orso	Medve
Pecora	Juh
Scimmia	Majom
Toro	Bika
Volpe	Róka
Zebra	Zebra

Matematica
Matematika

Angoli	Szögek
Aritmetica	Számtan
Decimale	Tizedes
Diametro	Átmérő
Equazione	Egyenlet
Esponente	Kitevő
Frazione	Töredék
Geometria	Geometria
Numeri	Számok
Parallelo	Párhuzamos
Perimetro	Kerület
Perpendicolare	Merőleges
Poligono	Poligon
Quadrato	Négyzet
Raggio	Sugár
Rettangolo	Téglalap
Sfera	Gömb
Simmetria	Szimmetria
Somma	Összeg
Triangolo	Háromszög

Meditazione
Elmélkedés

Accettazione	Elfogadás
Attenzione	Figyelem
Calma	Nyugodt
Chiarezza	Világosság
Compassione	Együttérzés
Emozioni	Érzelmek
Gentilezza	Kedvesség
Gratitudine	Hála
Mentale	Mentális
Mente	Elme
Movimento	Mozgás
Musica	Zene
Natura	Természet
Osservazione	Megfigyelés
Pace	Béke
Pensieri	Gondolatok
Postura	Testtartás
Prospettiva	Perspektíva
Respirazione	Légzés
Silenzio	Csend

Meteo
Időjárás

Arcobaleno	Szivárvány
Asciutto	Száraz
Atmosfera	Légkör
Brezza	Szellő
Cielo	Ég
Clima	Éghajlat
Fulmine	Villám
Ghiaccio	Jég
Monsone	Monszun
Nebbia	Köd
Nube	Felhő
Polare	Poláris
Siccità	Aszály
Temperatura	Hőmérséklet
Tempesta	Vihar
Tornado	Tornádó
Tropicale	Trópusi
Tuono	Mennydörgés
Uragano	Hurrikán
Vento	Szél

Misurazioni
Mérések

Altezza	Magasság
Byte	Bájt
Centimetro	Centiméter
Chilogrammo	Kilogramm
Chilometro	Kilométer
Decimale	Tizedes
Grado	Fokozat
Grammo	Gramm
Larghezza	Szélesség
Litro	Liter
Lunghezza	Hossz
Massa	Tömeg
Metro	Mérő
Minuto	Perc
Oncia	Uncia
Peso	Súly
Pinta	Pint
Pollice	Hüvelyk
Profondità	Mélység
Tonnellata	Tonna

Mitologia
Mitológia

Archetipo	Archetípus
Comportamento	Viselkedés
Creatura	Teremtmény
Creazione	Teremtés
Credenze	Hiedelmek
Cultura	Kultúra
Disastro	Katasztrófa
Divinità	Istenségek
Eroe	Hős
Forza	Erő
Fulmine	Villám
Gelosia	Féltékenység
Guerriero	Harcos
Labirinto	Labirintus
Leggenda	Legenda
Magico	Mágikus
Mortale	Halandó
Mostro	Szörny
Tuono	Mennydörgés
Vendetta	Bosszú

Moda
Divat

Abbigliamento	Ruházat
Boutique	Butik
Caro	Drága
Confortevole	Kényelmes
Elegante	Elegáns
Minimalista	Minimalista
Modello	Minta
Moderno	Modern
Modesto	Szerény
Originale	Eredeti
Pizzo	Csipke
Pratico	Gyakorlati
Pulsanti	Gombok
Ricamo	Hímzés
Semplice	Egyszerű
Sofisticato	Kifinomult
Stile	Stílus
Tendenza	Irányzat
Tessuto	Szövet
Trama	Textúra

Musica
Zene

Album	Album
Armonia	Harmónia
Armonico	Harmonikus
Ballata	Ballada
Cantante	Énekes
Cantare	Énekel
Classico	Klasszikus
Coro	Kórus
Lirico	Lírai
Melodia	Dallam
Microfono	Mikrofon
Musicale	Zenei
Musicista	Zenész
Opera	Opera
Poetico	Költői
Registrazione	Felvétel
Ritmico	Ritmikus
Ritmo	Ritmus
Strumento	Eszköz
Vocale	Ének

Natura
Természet

Animali	Állatok
Api	Méhek
Artico	Sarkvidéki
Bellezza	Szépség
Deserto	Sivatag
Dinamico	Dinamikus
Erosione	Erózió
Fiume	Folyó
Fogliame	Lombozat
Foresta	Erdő
Ghiacciaio	Gleccser
Montagne	Hegyek
Nebbia	Köd
Nuvole	Felhők
Rifugio	Menedék
Santuario	Szentély
Selvaggio	Vad
Sereno	Derűs
Tropicale	Trópusi
Vitale	Létfontosságú

Numeri
Számok

Cinque	Öt
Decimale	Tizedes
Diciannove	Tizenkilenc
Diciassette	Tizenhét
Diciotto	Tizennyolc
Dieci	Tíz
Dodici	Tizenkettő
Due	Kettő
Nove	Kilenc
Otto	Nyolc
Quattordici	Tizennégy
Quattro	Négy
Quindici	Tizenöt
Sedici	Tizenhat
Sei	Hat
Sette	Hét
Tre	Három
Tredici	Tizenhárom
Venti	Húsz
Zero	Nulla

Nutrizione
Teljesítmény

Amaro	Keserű
Appetito	Étvágy
Calorie	Kalória
Carboidrati	Szénhidrátok
Commestibile	Ehető
Dieta	Diéta
Digestione	Emésztés
Fermentazione	Erjesztés
Gusto	Íz
Liquidi	Folyadékok
Nutriente	Tápanyag
Peso	Súly
Proteine	Fehérjék
Qualità	Minőség
Salsa	Szósz
Salute	Egészség
Sano	Egészséges
Spezie	Fűszerek
Tossina	Toxin
Vitamina	Vitamin

Oceano
Óceán

Anguilla	Angolna
Balena	Bálna
Barca	Hajó
Corallo	Korall
Delfino	Delfin
Gamberetto	Garnélarák
Granchio	Rák
Maree	Árapály
Medusa	Medúza
Onde	Hullámok
Ostrica	Osztriga
Pesce	Hal
Polpo	Polip
Sale	Só
Scogliera	Zátony
Spugna	Szivacs
Squalo	Cápa
Tartaruga	Teknős
Tempesta	Vihar
Tonno	Tonhal

Paesaggi
Tájképek

Cascata	Vízesés
Collina	Domb
Deserto	Sivatag
Fiume	Folyó
Geyser	Gejzír
Ghiacciaio	Gleccser
Grotta	Barlang
Iceberg	Jéghegy
Isola	Sziget
Lago	Tó
Mare	Tenger
Montagna	Hegy
Oasi	Oázis
Oceano	Óceán
Palude	Mocsár
Penisola	Félsziget
Spiaggia	Strand
Tundra	Tundra
Valle	Völgy
Vulcano	Vulkán

Paesi #1
Országok #1

Brasile	Brazília
Cambogia	Kambodzsa
Canada	Kanada
Egitto	Egyiptom
Finlandia	Finnország
Germania	Németország
India	India
Iraq	Irak
Israele	Izrael
Libia	Líbia
Mali	Mali
Marocco	Marokkó
Norvegia	Norvégia
Panama	Panama
Polonia	Lengyelország
Romania	Románia
Senegal	Szenegál
Spagna	Spanyolország
Venezuela	Venezuela
Vietnam	Vietnam

Paesi #2
Országok #2

Albania	Albánia
Danimarca	Dánia
Etiopia	Etiópia
Giamaica	Jamaica
Giappone	Japán
Grecia	Görögország
Haiti	Haiti
Indonesia	Indonézia
Irlanda	Írország
Laos	Laosz
Liberia	Libéria
Messico	Mexikó
Nepal	Nepál
Nigeria	Nigéria
Pakistan	Pakisztán
Russia	Oroszország
Siria	Szíria
Sudan	Szudán
Ucraina	Ukrajna
Uganda	Uganda

Piante
Növények

Albero	Fa
Bacca	Bogyó
Bambù	Bambusz
Botanica	Botanika
Cactus	Kaktusz
Cespuglio	Bokor
Crescere	Nő
Edera	Borostyán
Erba	Fű
Fagiolo	Bab
Fertilizzante	Trágya
Fiore	Virág
Flora	Növényvilág
Fogliame	Lombozat
Foresta	Erdő
Giardino	Kert
Muschio	Moha
Petalo	Szirom
Radice	Gyökér
Vegetazione	Növényzet

Professioni #1
Foglalkozások #1

Allenatore	Edző
Ambasciatore	Nagykövet
Artista	Művész
Astronomo	Csillagász
Avvocato	Ügyvéd
Ballerino	Táncos
Banchiere	Bankár
Cacciatore	Vadász
Cartografo	Térképész
Editore	Szerkesztő
Farmacista	Gyógyszerész
Geologo	Geológus
Gioielliere	Ékszerész
Infermiera	Ápoló
Marinaio	Tengerész
Musicista	Zenész
Pianista	Zongorista
Psicologo	Pszichológus
Scienziato	Tudós
Veterinario	Állatorvos

Professioni #2
Foglalkozások #2

Astronauta	Űrhajós
Bibliotecario	Könyvtáros
Biologo	Biológus
Chirurgo	Sebész
Dentista	Fogorvos
Detective	Nyomozó
Filosofo	Filozófus
Fotografo	Fotós
Giardiniere	Kertész
Giornalista	Újságíró
Illustratore	Illusztrátor
Ingegnere	Mérnök
Insegnante	Tanár
Inventore	Feltaláló
Linguista	Nyelvész
Medico	Orvos
Pilota	Pilóta
Pittore	Festő
Ricercatore	Kutató
Zoologo	Zoológus

Psicologia
Pszichológia

Clinico	Klinikai
Cognizione	Megismerés
Comportamento	Viselkedés
Conflitto	Konfliktus
Ego	Én
Emozioni	Érzelmek
Esperienze	Tapasztalatok
Idee	Ötletek
Inconscio	Eszméletlen
Infanzia	Gyermekkor
Influenze	Befolyások
Pensieri	Gondolatok
Percezione	Észlelés
Personalità	Személyiség
Problema	Probléma
Realtà	Valóság
Sensazione	Szenzáció
Subconscio	Tudatalatti
Terapia	Terápia
Valutazione	Értékelés

Riscaldamento Globale
A Globális Felmelegedés

Ambientale	Környezeti
Artico	Sarkvidéki
Attenzione	Figyelem
Clima	Éghajlat
Crisi	Válság
Dati	Adat
Energia	Energia
Futuro	Jövő
Gas	Gáz
Generazioni	Generációk
Governo	Kormány
Industria	Ipar
Internazionale	Nemzetközi
Legislazione	Jogszabályok
Ora	Most
Popolazioni	Populációk
Scienziato	Tudós
Significativo	Jelentős
Sviluppo	Fejlődés
Temperature	Hőmérséklet

Ristorante #1
Étterem #1

Allergia	Allergia
Caffè	Kávé
Cameriera	Pincérnő
Carne	Hús
Cassiere	Pénztáros
Cibo	Élelmiszer
Ciotola	Tál
Coltello	Kés
Cucina	Konyha
Dessert	Desszert
Ingredienti	Összetevők
Mangiare	Enni
Menù	Menü
Pane	Kenyér
Piatto	Tányér
Piccante	Fűszeres
Pollo	Csirke
Prenotazione	Foglalás
Salsa	Szósz
Tovagliolo	Szalvéta

Ristorante #2
Étterem #2

Acqua	Víz
Aperitivo	Előétel
Bevanda	Ital
Cameriere	Pincér
Cena	Vacsora
Cucchiaio	Kanál
Delizioso	Finom
Forchetta	Villa
Frutta	Gyümölcs
Ghiaccio	Jég
Insalata	Saláta
Minestra	Leves
Pesce	Hal
Pranzo	Ebéd
Sale	Só
Sedia	Szék
Spezie	Fűszerek
Torta	Torta
Uova	Tojás
Verdure	Zöldségek

Salute e Benessere #1
Egészség és Wellness #1

Abitudine	Szokás
Altezza	Magasság
Attivo	Aktív
Batteri	Baktériumok
Clinica	Klinika
Fame	Éhség
Farmacia	Gyógyszertár
Frattura	Törés
Medicina	Orvosság
Medico	Orvos
Muscoli	Izmok
Nervi	Idegek
Ormoni	Hormonok
Pelle	Bőr
Postura	Testtartás
Riflesso	Reflex
Rilassamento	Kikapcsolódás
Terapia	Terápia
Trattamento	Kezelés
Virus	Vírus

Salute e Benessere #2
Egészség és Wellness #2

Allergia	Allergia
Anatomia	Anatómia
Appetito	Étvágy
Caloria	Kalória
Corpo	Test
Dieta	Diéta
Digestione	Emésztés
Disidratazione	Kiszáradás
Energia	Energia
Genetica	Genetika
Igiene	Higiénia
Infezione	Fertőzés
Malattia	Betegség
Massaggio	Masszázs
Nutrizione	Táplálkozás
Ospedale	Kórház
Peso	Súly
Sangue	Vér
Sano	Egészséges
Vitamina	Vitamin

Scacchi
Sakk

Avversario	Ellenfél
Bianco	Fehér
Campione	Bajnok
Concorso	Verseny
Diagonale	Átlós
Giocatore	Játékos
Gioco	Játék
Intelligente	Okos
Nero	Fekete
Passivo	Passzív
Per Imparare	Tanulni
Punti	Pontok
Re	Király
Regina	Királynő
Regole	Szabályok
Sacrificio	Áldozat
Sfide	Kihívások
Strategia	Stratégia
Tempo	Idő
Torneo	Torna

Scienza
Tudomány

Atomo	Atom
Chimico	Kémiai
Clima	Éghajlat
Dati	Adat
Esperimento	Kísérlet
Evoluzione	Evolúció
Fatto	Tény
Fisica	Fizika
Fossile	Fosszilis
Gravità	Gravitáció
Ipotesi	Hipotézis
Laboratorio	Laboratórium
Metodo	Módszer
Molecole	Molekulák
Natura	Természet
Organismo	Szervezet
Osservazione	Megfigyelés
Particelle	Részecskék
Piante	Növények
Scienziato	Tudós

Spezie
Fűszerek

Aglio	Fokhagyma
Amaro	Keserű
Anice	Ánizs
Cannella	Fahéj
Cardamomo	Kardamom
Cipolla	Hagyma
Coriandolo	Koriander
Cumino	Kömény
Curcuma	Kurkuma
Curry	Curry
Dolce	Édes
Finocchio	Édeskömény
Liquirizia	Édesgyökér
Noce Moscata	Szerecsendió
Paprika	Paprika
Pepe	Bors
Sale	Só
Vaniglia	Vanília
Zafferano	Sáfrány
Zenzero	Gyömbér

Sport
Sport

Allenatore	Edző
Atleta	Atléta
Capacità	Képesség
Ciclismo	Kerékpározás
Corpo	Test
Danza	Tánc
Dieta	Diéta
Forza	Erő
Jogging	Kocogás
Massimizzare	Maximalizálás
Metabolico	Metabolikus
Muscoli	Izmok
Nuotare	Úszni
Nutrizione	Táplálkozás
Obiettivo	Cél
Ossa	Csontok
Programma	Program
Resistenza	Kitartás
Salute	Egészség
Sportivo	Sport

Strumenti Musicali
Hangszerek

Armonica	Harmonika
Arpa	Hárfa
Banjo	Bendzsó
Carillon	Harangjáték
Chitarra	Gitár
Clarinetto	Klarinét
Fagotto	Fagott
Flauto	Fuvola
Gong	Gong
Mandolino	Mandolin
Marimba	Marimba
Oboe	Oboa
Pianoforte	Zongora
Sassofono	Szaxofon
Tamburello	Csörgődob
Tamburo	Dob
Tromba	Trombita
Trombone	Harsona
Violino	Hegedű
Violoncello	Cselló

Tempo
Idő

Anno	Év
Annuale	Éves
Calendario	Naptár
Decennio	Évtized
Dopo	Után
Futuro	Jövő
Giorno	Nap
Ieri	Tegnap
Mattina	Reggel
Mese	Hónap
Mezzogiorno	Dél
Minuto	Perc
Momento	Pillanat
Notte	Éjszaka
Oggi	Ma
Ora	Óra
Presto	Hamar
Prima	Előtt
Secolo	Század
Settimana	Hét

Tipi di Capelli
Haj Típusok

Argento	Ezüst
Asciutto	Száraz
Bianco	Fehér
Biondo	Szőke
Breve	Rövid
Calvo	Kopasz
Colorato	Színes
Grigio	Szürke
Intrecciato	Fonott
Liscio	Sima
Lungo	Hosszú
Marrone	Barna
Morbido	Puha
Nero	Fekete
Riccio	Göndör
Riccioli	Fürtök
Sano	Egészséges
Sottile	Vékony
Spessore	Vastag
Trecce	Zsinór

Uccelli
Madarak

Airone	Gém
Anatra	Kacsa
Aquila	Sas
Cicogna	Gólya
Cigno	Hattyú
Cuculo	Kakukk
Falco	Sólyom
Fenicottero	Flamingó
Gabbiano	Sirály
Oca	Liba
Pappagallo	Papagáj
Passero	Veréb
Pavone	Páva
Pellicano	Pelikán
Piccione	Galamb
Pinguino	Pingvin
Pollo	Csirke
Struzzo	Strucc
Tucano	Tukán
Uovo	Tojás

Universo
Világegyetem

Asteroide	Aszteroida
Astronomia	Csillagászat
Astronomo	Csillagász
Atmosfera	Légkör
Buio	Sötétség
Celeste	Égi
Cielo	Ég
Cosmico	Kozmikus
Emisfero	Félteke
Galassia	Galaxis
Latitudine	Szélesség
Longitudine	Hosszúság
Luna	Hold
Orbita	Pálya
Orizzonte	Horizont
Solare	Nap
Solstizio	Napforduló
Telescopio	Távcső
Visibile	Látható
Zodiaco	Állatöv

Vacanze #2
Nyaralás #2

Aeroporto	Repülőtér
Campeggio	Kemping
Foto	Fotók
Hotel	Szálloda
Isola	Sziget
Mappa	Térkép
Mare	Tenger
Montagne	Hegyek
Passaporto	Útlevél
Ristorante	Étterem
Spiaggia	Strand
Straniero	Külföldi
Taxi	Taxi
Tempo Libero	Szabadidő
Tenda	Sátor
Trasporto	Szállítás
Treno	Vonat
Vacanza	Nyaralás
Viaggio	Utazás
Visto	Vízum

Veicoli
Járművek

Aereo	Repülőgép
Ambulanza	Mentőautó
Auto	Autó
Autobus	Busz
Barca	Hajó
Bicicletta	Kerékpár
Camion	Kamion
Caravan	Lakókocsi
Elicottero	Helikopter
Furgone	Furgon
Metropolitana	Metró
Motore	Motor
Pneumatici	Gumik
Razzo	Rakéta
Scooter	Robogó
Taxi	Taxi
Traghetto	Komp
Trattore	Traktor
Treno	Vonat
Zattera	Tutaj

Verdure
Zöldségfélék

Aglio	Fokhagyma
Broccolo	Brokkoli
Carciofo	Articsóka
Carota	Sárgarépa
Cetriolo	Uborka
Cipolla	Hagyma
Fungo	Gomba
Insalata	Saláta
Melanzana	Padlizsán
Patata	Burgonya
Pisello	Borsó
Pomodoro	Paradicsom
Prezzemolo	Petrezselyem
Rapa	Fehérrépa
Ravanello	Retek
Scalogno	Mogyoróhagyma
Sedano	Zeller
Spinaci	Spenót
Zenzero	Gyömbér
Zucca	Tök

Vestiti
Ruházat

Abito	Ruha
Braccialetto	Karkötő
Camicetta	Blúz
Camicia	Ing
Cappello	Kalap
Cappotto	Kabát
Cintura	Öv
Collana	Nyaklánc
Giacca	Dzseki
Gonna	Szoknya
Grembiule	Kötény
Guanti	Kesztyű
Jeans	Farmer
Maglione	Pulóver
Moda	Divat
Pantaloni	Nadrág
Pigiama	Pizsama
Sandali	Szandál
Scarpa	Cipő
Sciarpa	Sál

Congratulazioni

Ce l'hai fatta!

Speriamo che questo libro vi sia piaciuto tanto quanto a noi è piaciuto concepirlo. Ci sforziamo di creare libri della più alta qualità possibile.
Questa edizione è progettata per fornire un apprendimento intelligente, di qualità e divertente!

Le è piaciuto questo libro?

Una Semplice Richiesta

Questi libri esistono grazie alle recensioni che pubblicate.

Puoi aiutarci lasciando una recensione
ora a questo link ?

BestBooksActivity.com/Recensioni50

SFIDA FINALE!

Sfida n°1

Sei pronto per il tuo gioco gratuito? Li usiamo sempre, ma non sono così facili da trovare - ecco i Sinonimi!
Scrivi 5 parole che hai trovato nei puzzle (n° 21, n° 36, n° 76) e prova a trovare 2 sinonimi per ogni parola.

Scrivi 5 parole del ***Puzzle 21***

Parole	Sinonimo 1	Sinonimo 2

Scrivi 5 parole del ***Puzzle 36***

Parole	Sinonimo 1	Sinonimo 2

Scrivi 5 parole del ***Puzzle 76***

Parole	Sinonimo 1	Sinonimo 2

Sfida n°2

Ora che ti sei riscaldato, scrivi 5 parole che hai trovato nei puzzle n° 9, n° 17 e n° 25 e cerca di trovare 2 contrari per ogni parola. Quanti ne puoi trovare in 20 minuti?

Scrivi 5 parole del ***Puzzle 9***

Parole	Antonimo 1	Antonimo 2

Scrivi 5 parole del ***Puzzle 17***

Parole	Antonimo 1	Antonimo 2

Scrivi 5 parole del ***Puzzle 25***

Parole	Antonimo 1	Antonimo 2

Sfida n°3

Grande! Questa sfida  non è niente per te!

Pronto per la sfida finale? Scegli 10 parole che hai scoperto nei diversi puzzle e scrivile qui sotto.

1.	6.
2.	7.
3.	8.
4.	9.
5.	10.

Ora scrivi un testo pensando a una persona, un animale o un luogo che ti piace.

Puoi usare l'ultima pagina di questo libro come bozza.

La tua composizione:

TACCUINO:

A PRESTO!

Tutta la Squadra

www.ingramcontent.com/pod-product-compliance
Lightning Source LLC
Chambersburg PA
CBHW082054120626
46553CB00011B/3398